CHENGBENKUAIJI

成本会计

（第五版）

教 育 部 职 业 教 育 与 成 人 教 育 司 推 荐 教 材

职 业 教 育 商 贸 、 财 经 专 业 教 学 用 书

主 编 蒋耀琴

主 审 王淑文 马建钢

华东师范大学出版社

·上海·

图书在版编目（CIP）数据

成本会计/蒋耀琴主编. —5 版. —上海：华东师范大学
出版社，2016.5
ISBN 978 - 7 - 5675 - 5238 - 8

Ⅰ.①成…　Ⅱ.①蒋…　Ⅲ.①成本会计　Ⅳ.F234.2

中国版本图书馆 CIP 数据核字（2016）第 108756 号

成本会计（第五版）

教育部职业教育与成人教育司推荐教材
职业教育商贸、财经专业教学用书

主　　编　蒋耀琴
责任编辑　李　琴
审读编辑　何　晶
装帧设计　蒋　克

出版发行　华东师范大学出版社
社　　址　上海市中山北路 3663 号　邮编 200062
网　　址　www.ecnupress.com.cn
电　　话　021 - 60821666　行政传真 021 - 62572105
客服电话　021 - 62865537　门市（邮购）电话 021 - 62869887
地　　址　上海市中山北路 3663 号华东师范大学校内先锋路口
网　　店　http://hdsdcbs.tmall.com

印 刷 者　上海市崇明县裕安印刷厂
开　　本　787毫米×1092毫米　1/16
印　　张　9.25
字　　数　205 千字
版　　次　2016 年 7 月第 5 版
印　　次　2025 年 7 月第 15 次
书　　号　ISBN 978 - 7 - 5675 - 5238 - 8
定　　价　29.00 元

出版人　王　焰

出版说明（第五版）

CHUBANSHUOMING

本书是"教育部职业教育与成人教育司推荐教材"、职业教育商贸、财经专业教学用书。

本书的编写淡化理论、强化实践、重视能力,符合职校学生的认知特点和岗位技能培训的要求,配有大量由浅入深、贴近实际的实务案例。

具体栏目设计如下:

学习目标　提纲挈领,简要指出各章的主要教学目标。

小 知 识　对与教材内容具有密切联系的概念或知识进行简短的说明。

小 思 考　提出能够帮助读者分析、理解教材内容的思考题。

小 练 习　供读者在学习的同时操练的练习题。

为了方便老师的教学活动,本书还配套有:

《成本会计·教师手册》(第五版)　含有各章节的教学重点、难点,小思考、小练习参考答案,习题集参考答案等,便于老师备课、组织教学。

《成本会计·习题集》(第五版)　所收录习题题型全面,由浅入深。既可供学生练习,又可作为教师的命题参考书。

华东师范大学出版社

2016 年 7 月

前　言（第五版）

　　职业教育是我国国民教育体系和人力资源开发体系的重要组成部分，是我国经济社会发展的重要基础，承担着社会人才结构中大量高素质技能型人才培养的任务，其性质、地位、作用，以及方向、任务、措施等，国家都有明确规定。

　　在职业教育商贸、财经专业中，成本会计是继基础会计和财务会计课程后的又一门专业核心课，企业的生产经营活动用六个会计要素来表示即资产、负债、所有者权益、收入、费用、利润，在基础会计和财务会计中，只就其中的五个要素进行阐述，而对于费用这个要素仅作为计算利润的一个必要条件，成本会计是一门专门用来阐述"费用"要素的学科。从企业经营角度看，任何一个企业都必须进行成本核算，都需要设置成本会计。

　　本教材以生产过程中最为典型的工业制造企业为例，重点讲述了成本会计的概念、对象、职能、原则和工作组织；介绍了成本核算的基本要求和一般程序；详尽阐述了企业在生产过程中直接材料费用核算、直接人工费用核算、外购动力费用核算、折旧费和其他费用核算、辅助生产费用核算、制造费用核算和生产费用在完工产品与在产品之间分配核算；全面介绍了产品成本计算的基本方法和辅助方法；企业成本报表的编制分析方法等内容。

　　本教材针对目前职业院校商贸、财经专业学生的特点编写，以工业制造企业成本费用归集分配、产品成本计算、成本报表编制为主线，以成本会计岗位工作内容为标准，以岗位的职业能力培养为重点，以岗位工作任务为驱动，融理论思维训练和实践操作为一体，既突出学生职业能力的培养，又注重增强学生的岗位适应能力和可持续发展能力。因此，在各相关业务内容的章节中，组织、设计了大量针对性强、简明易懂、由浅入深的成本会计实务案例，用来强化学生对成本会计理论的理解和对成本会计岗位实际业务操作能力的培养。

前　　言（第五版）

同时，为了适应国际上制造业加快从生产型制造向服务型制造业转变，积极培育和发展现代服务业，发展低碳经济、绿色经济，本教材还力求以简明易懂的方法介绍一些商品流通企业、汽车运输企业等成本核算方法，使教师有更多的选择、学生有更宽广的视野，满足将来入职的实际需要。

在教材编写过程中，编者充分学习、吸收和运用了有关专家、学者的研究成果和教学改革成果，结合目前中职学生的实际情况，并根据自己三十多年来从事成本会计教学的体会和经验进行编写，希望能够满足广大师生的教学和学习需要。

第五版教材以 2007 年 1 月 1 日起实施的《企业会计准则》和2013 年 1 月 1 日起实施的《小企业会计准则》为依据，结合近年来政府陆续出台的会计、税务政策和细则，在广泛听取意见和实际使用教材的基础上，对教材中存在的错误和不当之处进行了进一步的修正。

由于编者水平有限，本教材难免还会存在不足之处，恳请读者给予批评指正，以便进行进一步的修改和完善。

最后，感谢专家老师对本书提出的宝贵意见。

编　者
2016 年 7 月

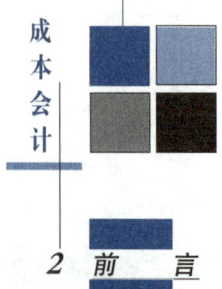

目　录

目　录

第一章　成本会计总论

【学习目标】

通过本章学习,明确成本的概念,了解成本的作用。从料、工、费的耗费理解成本会计的对象和任务,熟悉成本会计的职能和原则,了解成本会计机构和人员、成本会计法规和制度。

第一节 成本的概念和作用

一、成本的概念

产品成本（product cost）是指工业制造企业为了生产产品而发生的各种耗费。它可以指一定时期为生产一定数量产品而发生的成本总额，也可以指一定时期生产产品的单位成本。

从狭义的角度来讲，产品成本是工业制造企业的生产车间为生产产品和管理生产经营活动而支出的各种耗费，包括生产过程中实际消耗的原材料、燃料和动力、生产工人工资和各项制造费用。

从广义的角度来讲，产品成本还包括工业制造企业发生的各项管理费用、财务费用和销售费用等，但在实际工作中，企业行政管理部门为管理和组织生产所发生的各项管理费用、为筹集资金而发生的财务费用、为销售产品而发生的销售费用等，统称为期间费用，由当期收入中得到补偿，不计入产品成本。

概括地说，成本是指企业为生产产品、提供劳务而发生的料、工、费等各种耗费与支出。

> **小知识 1-1**
>
> 费用是指企业在销售商品、提供劳务等日常活动中所发生的经济利益的总流出。

二、成本的作用

成本在经济管理中十分重要，在市场竞争中也起着举足轻重的作用。概括起来，主要有以下几个方面。

（一）成本是企业补偿生产耗费的量度

企业为生产产品、提供劳务而发生的各种耗费，必须从企业销售产品和提供劳务所取得的收入中得到补偿，而成本就是衡量这一补偿份额大小的量度。企业在取得收入后，必须把相当于成本的那部分份额划分出来，用于补偿生产经营中的资金耗费，这样，才能保证生产按原有的规模进行；如果企业的收入补偿不了生产耗费，再生产就不能按原有规模进行。在产品销售收入和提供劳务收入基本保持不变的条件下，成本降低，企业实现的利润就多；成本上升，企业实现的利润就少，甚至会发生亏损。因此，成本作为补偿生产耗费的量度，对企业的生存和发展起着十分重要的作用。

（二）成本是综合反映企业生产经营管理活动质量的重要指标

企业在生产经营管理活动中，各方面工作业绩的好坏，如：产品产量的大小、产品质量的优劣、劳动生产率的高低、材料及能源消耗的节约浪费、固定资产利用情况的好坏等，都会在产品成本这个综合指标中体现出来。因此，企业可以通过对成本的计划、控制、监督、考核和分析等来促进企业改善生产经营管理工作,尽可能降低成本,提高经济效益。

(三)成本是企业制定产品价格的重要依据

企业在制定产品价格时需要考虑的因素很多,如需要考虑市场供求关系是供大于求还是供小于求,市场竞争态势是激烈还是比较平稳等。由于产品成本是产品价值的主要组成部分,而产品的价格又是围绕产品价值上下波动的,因此,产品成本是制定产品价格的一个重要依据。

(四)成本是企业进行生产经营决策时的关键因素

企业进行生产经营决策时需要考虑的因素也很多,如现有的生产能力、生产计划的安排、新产品的开发选择等,由于产品成本水平的高低直接影响企业经济效益的好坏和市场竞争能力的强弱,因此,成本是进行生产经营决策时的关键因素。

第二节　成本会计的对象和任务

一、成本会计的对象

成本会计的对象是指成本会计所要反映和监督的内容,即企业为生产产品、提供劳务而发生的料、工、费等各种耗费与支出。

企业在生产过程中耗用的原材料,其价值应随着实物的领用而全部转移到所制造的产品成本中去,构成产品生产成本的一部分;耗用的低值易耗品和包装物的价值,则采用一次摊销法等方法进行摊销,计入相关产品的成本。

企业在生产过程中为获得职工为其提供的劳务而支付的职工薪酬以及其他相关支出,应计入有关的产品成本。

企业在生产过程中使用的固定资产,应当按月计提折旧,使其价值逐渐转移,并计入有关的产品成本。

工业制造企业在一定时期内发生的,用货币表现的料、工、费等生产耗费,称为工业企业的生产费用。

工业制造企业为生产特定品种、特定数量的产品所归集的生产费用之和,就是这些产品的生产成本,亦称制造成本,简称成本。

综上所述,工业制造企业生产费用的发生和产品生产成本的计算,是成本会计反映和监督的主要内容。

此外,工业制造企业为销售产品也会发生各种各样的费用支出,如运输费、装卸费、包装费、保险费、展览费和广告费,以及为销售本企业产品而专设的销售机构(含销售网点、售后服务网点)的职工工资及福利费和其他经费等,所有这些构成了企业的销售费用。

工业制造企业的行政管理部门为组织和管理生产经营活动,也会发生各种各样的费用,如：企业行政管理人员的工资及福利费、行政管理部门固定资产的折旧费、修理费、物料消耗、低值易耗品摊销、工会经费、业务招待费、计提的坏账准备和存货跌价准备、职工教育经费、劳动保险费、待业保险费、董事会费、聘请中介机构费、咨询费、审计费、诉讼费、绿化费、税金、土地使用费、无形资产摊销、差旅费、办公费、材料及产成品盘亏或盘盈(不包括应计入营业外支出的存货损失)等,这些费用统称为管理费用。

工业制造企业为筹集生产经营所需资金而发生的利息支出(减利息收入)、汇兑损失(减汇兑收益)、金融机构手续费等,如果这些费用不符合资本化条件的,就构成企业的财务费用。

工业制造企业的销售费用、管理费用和财务费用,一般按一定的会计期间发生,不可能按产品种类归集,为了简化成本核算,都作为期间费用处理,直接计入当期损益,从当年利润中扣除,不计入产品成本。期间费用也是在生产经营过程中发生的费用,因此,期间费用的发生及归集过程,也是成本会计反映和监督的内容。

综上所述,工业制造企业成本会计的对象包括工业企业生产经营过程中生产费用的发生、产品成本的计算,以及期间费用的发生和归集。

小思考 1-1
   工业企业成本会计的对象是什么?

二、成本会计的任务

成本会计的任务是在成本会计对象的范围内,为企业生产经营管理提供必要的信息,从而力争降低成本费用,提高经济效益。成本会计的具体任务是:

第一,对企业即将发生或已发生的各项费用进行审核和控制,制止各种不必要的开支及浪费,以节约费用、降低成本。

第二,对各种生产费用的发生、产品成本和期间费用的归集进行核算,为企业生产经营管理提供所需的成本、费用数据。

第三,分析各项消耗定额、费用定额和成本计划的执行情况,促使企业改进生产经营管理,进一步挖掘节约费用、降低成本的潜力,提高经济效益。

第三节　成本会计的职能

成本会计作为会计的一个重要组成部分,其基本职能同会计一样,具有反映和监督两大基本职能。反映的职能是成本会计的首要职能,它是从价值补偿的角度出发,反映生产经营过程中各种生产费用的支出以及产品成本和期间费用的形成情况,为生产经营管理提供各种成本信息的功能;监督的职能是按照一定的目标和要求,监督各项生产经营耗费的合理性、合法性和有效性,以达到预期的成本管理目标的功能。

现代化生产要求成本会计与管理科学相结合,因而现代成本会计的职能包括成本预测、成本决策、成本计划、成本控制、成本核算、成本分析和成本考核共七个方面。

一、成本预测

成本预测(cost forecasting)是根据成本会计提供的信息,考虑市场变化和企业实际情况,对企业未来的成本水平及其变化趋势所作的科学的估计和测算。

通过成本预测,可以减少企业生产经营管理的盲目性,从而主动去挖掘降低成本费用的潜力。

二、成本决策

成本决策(cost decision)是在成本预测的基础上,对生产经营决策中若干个方案进行比较分析,从中选取以较小的成本取得较大的经济效益并且切实可行的那个方案。

通过成本决策,优胜劣汰,实现对成本的事先控制。

三、成本计划

成本计划(cost planning)是根据成本决策所确定的最优方案,具体规定企业在一定时期内为完成生产经营任务所要发生的各种生产耗费,以及为达到产品目标成本所需采取的各项措施。

通过成本计划,进一步明确企业降低成本费用的目标和需采取的措施。

四、成本控制

成本控制(cost control)是根据成本计划在生产经营过程中对各项将要发生和已经发生的成本费用进行审核和控制,将成本控制在计划成本之内,亦即对成本进行事前、事中监督。

通过成本控制,监督各项生产经营耗费的合理性、合法性和有效性,以防止成本超支和浪费。

五、成本核算

成本核算(cost keeping)是对企业生产经营过程中实际发生的各种耗费进行归集和分配,以正确计算各种产品的成本,并进行相应的账务处理。

通过成本核算,能对产品生产经营过程中发生的各种费用进行如实地反映,同时又为成本分析和成本考核提供客观、真实的数据。

六、成本分析

成本分析(cost analysis)是根据成本核算提供的客观、真实的数据,运用专门的方法,对成本水平及构成情况进行分析,找出原因,明确责任,以便采取措施,即对成本进行事后监督。

通过成本分析,可以及时采取相应措施,改进工作,并为成本考核提供依据。

七、成本考核

成本考核(cost assessment)是在成本分析的基础上,对成本计划的执行结果和完成情况进行评价和考核。

通过成本考核,明确责任,促进各责任部门和各有关责任人切实落实成本管理责任制,不断提高企业成本管理工作的水平。

在成本会计的各项职能中,成本核算是最基本的职能,成本会计的其他职能都是在成本核算的基础上进行的。成本会计各项职能之间是相互联系、相辅相成的。本书主要论述的是工业企业的成本核算。

> **小思考 1-2**
>   成本会计的七个职能中,哪个职能是最基本的职能?

第四节　成本核算的原则

成本会计能否提供真实可靠的成本信息,取决于企业在成本核算过程中是否遵循成本核算原则,成本核算的原则一般有以下八个。

一、会计主体核算原则

会计主体核算原则(the main accounting principles)是指成本会计核算应当反映企业本身与生产产品有关的各项成本、费用以及为进行生产经营活动所发生的各种耗费。

二、会计分期核算原则

会计分期核算原则(accounting period accounting principles)是指在企业持续、正常经营的前提下,将成本会计核算期划分为一个个会计期间,分期计算成本。成本核算的分期与会计分期一致,分为年度、季度和月份。年度、季度和月份的起讫日期采用公历日期。

三、实际成本核算原则

实际成本核算原则(the actual cost accounting principles)是指成本核算必须按实际成本计价。具体包括三个方面:

第一,企业的各项财产物资在取得时应当按照实际成本计量。如果各项财产发生减值,应当按规定计提相应的减值准备,企业不得自行调整其账面价值,国家另有规定的除外。

第二,生产耗用的原材料按实际成本计入产品成本,计提的固定资产折旧额也按其原始价值计算提取。

第三,结转完工产品成本时按实际成本计价。

四、权责发生制原则

权责发生制原则(accrual basis principle)是指成本核算中成本、费用的确认应当以成本、费用是否实际发生以及是否应由本期负担为标准,而不论成本费用是否支付。

五、受益原则

受益原则(benefit principle)是指将归集的生产费用进行分配时,应当按照各受益对象进行分配,即谁受益谁负担,多受益多负担,少受益少负担,不受益不负担。

六、及时性原则

及时性原则(timeliness principle)是指成本核算应当及时进行,不得提前或延后,以便及时提供有关成本信息,正确计算盈亏,进行成本分析和成本考核。

七、一贯性原则

一贯性原则(consistency principle)是指成本核算方法前后各期应当保持一致,不得随意变更,以保持企业成本资料的可比性。如有必要变更,应将变更的理由、变更的内容、变更所带来的影响,在会计报表附注中予以说明。

八、重要性原则

重要性原则(importance principle)是指在成本核算过程中应当区别会计事项的重要程度,采用不同的核算方式。对于企业的主要产品和数额较大的费用,必须按照规定的成本会计方法和程序进行处理;对于次要的产品和数额较小的费用,在不影响会计信息真实性的前提下,可适当加以简化。

第五节 成本会计工作的组织

一、成本会计机构和人员

成本会计工作是企业整个会计工作的组成部分,成本会计机构也是企业会计机构的一个分支,它是在企业中专门从事成本会计工作的部门。企业应根据本单位生产经营情况的特点、生产规模的大小、成本管理的要求,以及成本会计业务的需要等具体情况来设置成本会计机构。一般来说,大中型企业应在会计机构中单独设置成本会计机构,专门从事成本核算工作;小型企业只需在会计机构中分派专人负责成本会计工作。

在成本会计机构中,成本会计人员素质的高低也是影响成本会计工作质量的重要因素。国家规定的会计人员的技术职称和会计人员的职责权限,同样适用于成本会计人员。成本会计人员要自觉遵守会计人员职业道德,做到敬业爱岗、熟悉法规、依法办事、客观公正、搞好服务、保守秘密,同时要了解和熟悉产品的设计、加工工艺、质量、性能等与产品成本有着密切联系的技术上的问题,不断提高自身的政策理论水平和专业技术业务能力。

二、成本会计法规和制度

由于成本会计工作是企业整个会计工作的组成部分,因此,有关会计工作的法规和制度也同样适用于成本会计工作。

我国会计法规和制度主要有《中华人民共和国会计法》、《企业会计准则》以及《会计基础工作规范》等,其中,与成本会计有关的法规和制度是成本会计人员从事成本会计工作必须遵守的规范。

> **小知识 1-3**
>
> 新的《中华人民共和国会计法》自 2000 年 7 月 1 日起施行,《企业会计准则》于 2007 年 1 月 1 日起执行,《会计基础工作规范》自 1996 年 6 月 17 日起实施,《小企业会计准则》自 2013 年 1 月 1 日起施行。

第二章 工业制造企业产品成本核算概述

【学习目标】

通过本章学习，理解工业制造企业成本核算的要求，尤其是如何正确划分各种费用界限的方法。熟悉工业制造企业成本核算的一般程序以及进行成本核算所需设置的主要账户的用途和结构。

第一节　工业制造企业成本核算的要求

在成本会计的各项职能中，成本核算是最基本的职能，在工业制造企业成本核算工作中，为了充分发挥成本核算的作用，应贯彻以下各项有关成本核算的要求。

一、成本核算与成本管理相结合，成本核算为成本管理提供信息

成本会计具有反映和监督两大基本职能，成本核算就是要根据国家有关法规和制度规定，对工业企业发生的各项费用支出进行事前、事中和事后的审核和控制，监督各项费用是否需要发生，发生的费用是否计入产品成本或期间费用。对于不合理、不合法的费用或浪费、损失要及时制止，采取措施并追究责任。即在成本核算过程中，不仅仅是为算而算，而且应该满足企业成本管理的需要，为成本管理提供有用的信息。

二、正确划分各种费用界限

为了正确计算产品生产成本和期间费用，必须正确划分以下五个方面的费用界限。

（一）正确划分生产经营管理费用和非生产经营管理费用的界限

在工业制造企业日常生产经营管理活动中，用于产品生产和销售、用于组织和管理生产经营活动、用于筹集生产经营所需资金而发生的各种费用属于生产经营管理费用，应计入产品生产成本或期间费用。

用于购建固定资产、购买无形资产、对外投资等不属于企业日常生产经营管理活动的费用，属于非生产经营管理费用，不应计入产品生产成本或期间费用。

此外，还有固定资产盘亏、毁损、报废清理等损失，以及由于自然灾害等非正常原因造成的财产损失等，都不是由日常的生产经营管理活动所造成的，都不应计入产品生产成本或期间费用。

（二）正确划分产品生产费用和期间费用的界限

应计入产品生产成本或期间费用的各种生产经营管理费用，还应根据其用途进一步划分。

用于产品生产的费用，如：生产产品耗用的原材料费用、生产工人的工资及福利费和制造费用等，应计入生产费用，据以计算产品成本。产品成本要等产品销售以后才计入企业的损益。

用于销售产品、组织和管理生产经营活动、筹集生产经营资金的各种费用，即销售费用、管理费用和财务费用，直接计入当月损益。

（三）正确划分各期产品成本的费用界限

企业必须分清本期成本、费用和下期成本、费用的界限，不得任意预提或摊销费用。因此，还必须将应计入产品成本的生产费用和应计入当月损益的期间费用，按照权责发生制的

原则,在本月和其他各个月份之间进行正确划分。

本月支付,但属于本月及以后各月受益的成本费用,应计作待摊费用,分摊计入本月和以后各月的成本费用。

本月虽未支付,但本月受益的成本费用,应计作预提费用,预提计入本月的成本费用。

(四) 正确划分各种产品的费用界限

工业制造企业必须分清各种产品成本的界限,必须将应由本月产品成本负担的生产费用,在本月所生产的各种产品之间进行正确划分。

凡能分清应由哪种产品负担的费用,直接计入该种产品的成本。

凡由几种产品共同耗用、无法直接分清的费用,要采用适当的分配方法进行分配后,分别计入各种产品的成本。

(五) 正确划分完工产品与月末在产品的费用界限

工业制造企业必须分清在产品成本和产成品成本的界限,不得任意压低或提高在产品和产成品的成本。月末,将各项生产费用计入各种产品的成本以后,会有以下三种情况:

一是某种产品全部完工,其发生的生产费用全部相加,就是该种完工产品的成本。

二是某种产品均未完工,那么其发生的各种生产费用之和,就是该种产品的月末在产品成本。

三是某种产品既有完工产品,又有尚在加工中的在产品,还必须将为制造该种产品已发生的生产费用,采用适当的分配方法在完工产品和在产品之间进行分配,以便计算完工产品成本和月末在产品成本。

正确划分以上五个方面的费用界限,在产品成本核算工作中占有相当重要的地位。费用划分的过程,也就是产品成本的计算和各项期间费用的归集过程。

正确划分各种费用界限,可用图表 2-1 表示如下。

图表 2-1

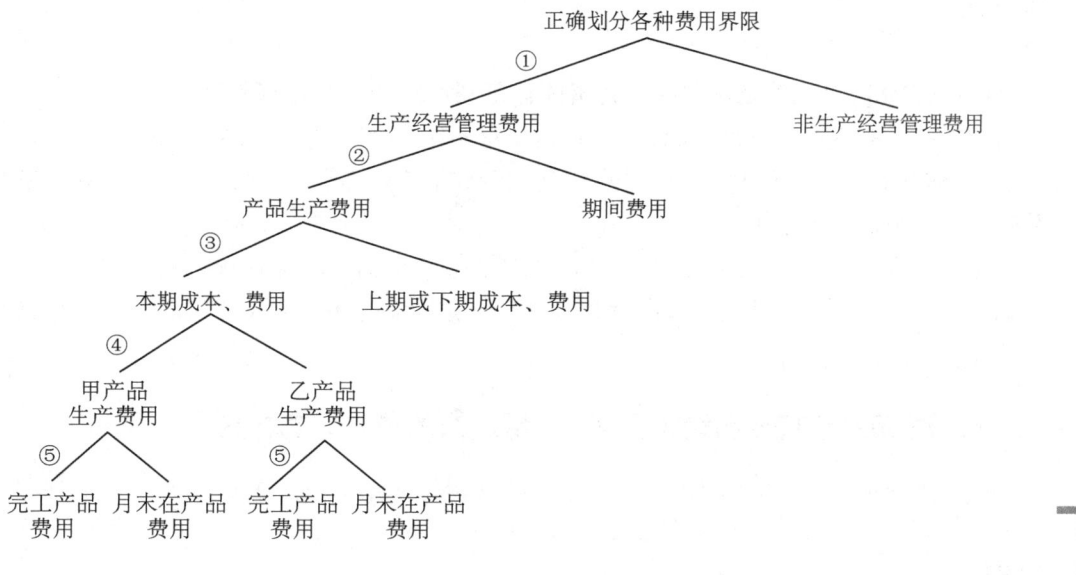

小思考 2-1
　　正确划分各种费用界限包括哪几个方面?

三、对财产物资正确计价并正确结转其价值

　　工业制造企业拥有的各种财产物资,其价值要随着生产经营过程中的耗费,逐渐地或一次性地转移到产品成本和期间费用中去。因此,对财产物资正确计价并正确结转其价值也是成本核算的要求。

　　财产物资的计价和价值结转对象主要有固定资产、原材料和低值易耗品等。

　　对固定资产来说,计价和价值结转主要涉及固定资产原值的计算方法、折旧方法及固定资产的后续支出等。

　　对原材料和低值易耗品等来说,计价和价值结转主要涉及材料采购成本的组成内容、发出材料实际成本的计算确定、低值易耗品和包装物价值的摊销方法等。

　　为了正确计算成本和费用,对于这些财产物资的计价,应在取得时按照实际成本计量,价值结转方法也应结合本企业生产经营特点和管理要求,采用既合理又适用的方法,且各种方法一经确定,就保持相对稳定,不得随意变更,以防止人为调节成本和费用的错误做法。

四、做好成本核算的各项基础工作

　　成本核算的基础工作包括以下各项。

(一)做好定额的制定和修订工作

　　企业生产耗用的材料、燃料、动力、工时消耗和费用开支等,都应制定定额或编制预算,以便在生产费用发生之前就加强审核和控制。

　　此外,在计算产品成本时,往往要用产品的原材料定额消耗量或定额费用、产品的定额工时等作为分配实际费用的标准。因此,做好定额的制定和修订工作,是成本核算和成本管理的前提。

(二)建立健全原始记录和材料物资的计量、收发、领退和盘点制度

　　成本核算的主要依据是原始记录,原始记录不正确,就会影响成本核算的正确性。企业对于材料的领用、工时的耗费、费用的开支、在产品或半成品的内部转移、产成品的交库等,都必须有正确的原始记录。

　　为了进行成本管理,正确地计算成本,必须建立和健全材料物资的计量、收发、领退和盘点制度,填制相应的凭证,办理审批手续,并严格进行计量和验收,以保证账实相符,保证成本计算的正确性。

五、适应生产特点和管理要求,采用适当的成本计算方法

　　企业应当根据本企业的生产经营特点和管理要求,确定适合本企业的成本核算对象、成本项目和成本计算方法。有关内容将在第五章中详细叙述。

第二节　工业制造企业成本核算的一般程序和账户设置

工业制造企业成本核算的一般程序是根据成本核算的要求,对生产费用进行分类核算,并按成本项目分别计算,最后计算出完工产品成本的过程。

一、成本核算的一般程序

按照成本核算的要求,工业制造企业成本核算的一般程序是:

第一,对工业制造企业的各项要素费用进行审核和控制,并按照会计制度和有关法规规定,确定费用属于生产经营管理费用还是非生产经营管理费用,以明确成本会计核算的对象范围。

第二,对生产经营管理费用还要进一步区分,是应计入产品成本的生产费用,还是应计入当期损益的期间费用。

第三,将本月开支的成本费用中应由以后月份负担的费用,计作预付费用;将以前月份开支的预付费用中应由本月负担的份额,摊入本月的成本;将本月尚未开支但应由本月负担的费用,预提计入本月的成本费用。

第四,将计入本月产品成本的生产费用,在本月所生产的各种产品之间进行分配归集,并按成本项目分别反映,计算出各种产品应负担的成本。

第五,对于月末既有完工产品又有在产品的产品,将月初在产品生产费用与本月生产费用相加,在本月完工产品与月末在产品之间进行分配,计算出该种完工产品和月末在产品成本。

> **小思考 2-2**
> 　　成本核算的一般程序就是前述什么内容?具体是什么?

二、成本核算的账户设置

为了便于按照经济用途分类核算生产费用,分别计算各种产品的成本,工业制造企业一般应设置"生产成本"、"制造费用"等成本类账户,进行成本的总分类核算及明细分类核算。"生产成本"账户下还应分设"基本生产成本"和"辅助生产成本"两个明细分类账,用来分别归集企业基本生产车间和辅助生产车间发生的费用。

(一)"生产成本——基本生产成本"账户

"生产成本——基本生产成本"是用来核算企业基本生产车间所发生的各种生产费用和计算基本生产产品成本的账户。借方登记企业为进行产品生产而发生的各种费用;贷方登记转出的完工产品成本,余额在借方,表示在产品成本。该账户应按产品品种等成本计算对象设置产品成本明细账,账内按产品成本项目分设专栏或专行。

成本会计

成本项目一般有以下三个：

① 直接材料　指直接用于产品生产、构成产品实体的原材料费用和燃料及动力费用。

② 直接人工　指直接参加产品生产的生产工人工资及附加。

③ 制造费用　指间接用于产品生产的各项费用，或虽直接用于产品生产，但不能直接计入产品成本的，没有专设成本项目的费用。

耗能大的企业必须设立"燃料和动力"成本项目，耗能小的企业则不必设立，可并入"直接材料"成本项目等。

其格式如图表 2-2、2-3 所示。

图表 2-2

产品成本明细账

产品名称：甲产品　　　　　　　　　　　　　　　　　　　　　　　　　　完工产量：500 只

成本项目	直接材料	直接人工	制造费用	合计
月初在产品成本	11 480	9 100	4 450	25 030
本月生产费用	6 880	10 430	3 395	20 705
合计	18 360	19 530	7 845	45 735
完工产品成本	18 360	19 530	7 845	45 735
完工产品单位成本	36.72	39.06	15.69	91.47

图表 2-3

产品成本明细账

产品名称：乙产品　　　　　　　　　　　　　　　　　　　　　　　　　完工产量：1 360 件

成本项目	期初在产品成本	本期生产费用	费用合计	完工产品成本	完工产品单位成本	期末在产品成本
直接材料	21 600	50 400	72 000	48 960	36	23 040
直接人工	3 996	27 972	31 968	27 172.8	19.98	4 795.2
制造费用	4 644	35 676	40 320	34 272	25.2	6 048
合计	30 240	114 048	144 288	110 404.8	81.18	33 883.2

上列产品成本明细账上虽然没有标明借方、贷方和余额，但其基本结构不外乎这三个部分。其中月初在产品成本，为"生产成本——基本生产成本"账户月初借方余额，系上月末在产品转来；本月生产费用为"生产成本——基本生产成本"账户本月借方发生额，根据本月各种费用分配表登记；完工产品成本为"生产成本——基本生产成本"账户本月贷方发生额，根据本月完工入库产品的实际成本登记；月末在产品成本为"生产成本——基本生产成本"账户月末借方余额。

（二）"生产成本——辅助生产成本"账户

"生产成本——辅助生产成本"是用来核算企业辅助生产车间所发生的各种生产费用和计算辅助生产所提供的产品或劳务成本的账户。借方登记为进行辅助生产而发生的各种费用；贷方登记完工入库产品的成本或分配转出的劳务成本；余额在借方，表示辅助生产在产品的成本。该账户应按辅助生产车间和生产的产品、劳务分设辅助生产成本明细账，账中按辅助生产的成本项目或费用项目分设专栏或专行,进行明细核算。

(三)"制造费用"账户

"制造费用"是用来核算企业基本生产车间为生产产品和提供劳务而发生的各项间接费用的账户。借方登记实际发生的制造费用;贷方登记分配转出的制造费用;月末一般无余额。该账户应按车间设置明细分类账,账内按费用项目设立专栏,进行明细核算。

为了归集和结转产品销售费用、管理费用和财务费用,应该分别设立"销售费用"、"管理费用"和"财务费用"总账账户。

为了归集和分配跨期摊提费用,还应分别设立"预付账款"、"其他应付款"和"应付利息"等总账账户。

成本核算的一般程序和账户设置可用图表 2-4 表示。

图表 2-4

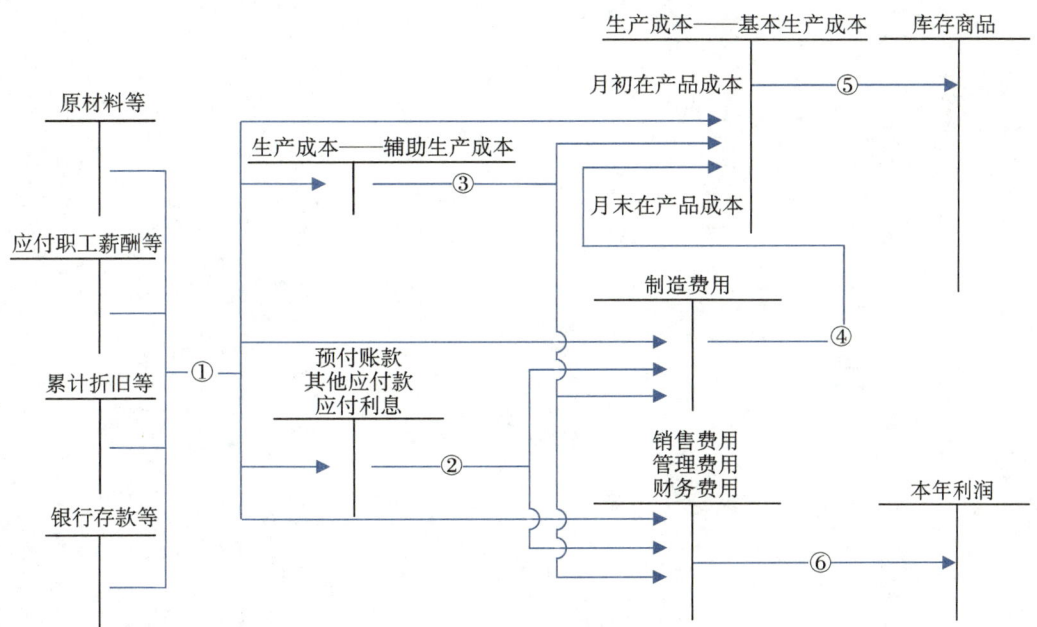

说明:①各项生产费用的分配;②摊销预付账款、提取其他应付款或应付利息;③分配辅助生产费用;④分配制造费用;⑤结转完工产品成本;⑥结转各项期间费用。

第三章 工业制造企业生产费用的归集与费用在各种产品之间横向分配的核算

【学习目标】

通过本章学习，理解并掌握材料费用、人工费用、外购动力费用、折旧费用、其他费用以及预付预提费用等的归集和分配方法。熟练掌握辅助生产费用的直接分配法，熟悉制造费用的分配方法。对以上各种费用的归集分配，会选择适当的分配标准计算分配率，会编制费用分配表并作相应的会计分录。

第一节　材料费用的归集与分配

一、材料费用的归集

工业制造企业的材料,指企业在生产过程中经加工改变其形态或性质,并构成产品主要实体的各种原料及主要材料、辅助材料、外购半成品、修理用备件、包装材料、燃料等。

材料费用(materials expenses)的归集,应根据审核无误的收料单、领料单、退料单等原始凭证,按照材料的具体用途进行归集。材料发出的核算应采用个别计价法、先进先出法或加权平均法确定发出材料的实际成本。

个别计价法(specific identification method)的特征是注重所发出材料的实物流转与成本流转之间的联系,逐一辨认各批发出材料所属的购进批别,按其购入时的单位成本作为计算发出材料的成本,即按每一种材料的实际成本作为计算发出材料成本的基础。

先进先出法(first-in first-out method)是依据"先购入的材料先发出(耗用)"这样一种材料实物流动假设为前提,对发出材料进行计价的方法。采用这种方法,先购入的材料成本在后购入的材料成本之前转出,据此确定发出材料的成本。

加权平均法(weighted averages method)分全月一次加权平均法和移动加权平均法两种。全月一次加权平均法(the whole month time weighted average method),是指用当月全部购进材料成本加上月初库存材料成本,除以当月全部购进材料数量加上月初库存材料数量,计算出材料的加权平均单位成本,以此为基础计算当月发出材料成本的一种方法。用公式表示如下:

$$材料单位成本 = \frac{月初库存材料的实际成本 + 当月全部购进材料的实际成本}{月初库存材料数量 + 当月全部购进材料数量}$$

$$本月发出材料的成本 = 本月发出材料的数量 \times 材料单位成本$$

移动加权平均法(moving weighted average method),是以每次购进材料的成本加上原有库存材料的成本,除以每次购进材料数量加上原有库存材料的数量,据以计算加权平均单位成本,将其作为对下次购进材料前计算各次发出材料成本依据的方法。用公式表示如下:

$$材料单位成本 = \frac{原有库存材料的实际成本 + 本次购进材料的实际成本}{原有库存材料的数量 + 本次购进材料的数量}$$

$$本次发出材料的成本 = 本次发出材料的数量 \times 本次发出材料前材料的单位成本$$

在工业制造企业中,生产产品领用材料,应根据领料单借记"生产成本——基本生产成本"账户,贷记"原材料"账户;生产剩余材料,应退回仓库,根据退料单借记"原材料"账户,贷记"生产成本——基本生产成本"账户。但是对于车间已领未用、下月生产产品需要继续使用的材料,为了避免本月末退回仓库、下月初重新领用的麻烦,可以采用"假退料"的方法。所谓"假退料",即同时填制本月份的退料单和下月份的领料单,而材料实物仍然存放在车间并不移动。

[例 3-1] 假定某工业制造企业 9 月份生产甲产品共领用材料 125 000 元,月末有 15 000 元材料剩余,但下月生产需要继续使用。

9 月份领用材料时,根据领料单,编制会计分录如下:

借:生产成本——基本生产成本——甲产品 125 000
　　贷:原材料　　　　　　　　　　　　　　　　125 000

月末,对剩余材料同时填制本月份的退料单和下月份的领料单,编制会计分录如下:

9 月 30 日:借:生产成本——基本生产成本——甲产品

$\boxed{15\ 000}$

　　　　贷:原材料　　　　　　　　　　$\boxed{15\ 000}$

10 月 1 日:借:生产成本——基本生产成本——甲产品

15 000

　　　　贷:原材料　　　　　　　　　　15 000

通过编制以上分录,9 月份甲产品实际耗用材料 110 000 元(125 000－15 000),剩余的 15 000 元材料,作为 10 月份甲产品耗用材料。这样处理,符合生产产品领用材料的实际情况,也正确划分了各个月份产品成本的界限。

> **小思考 3-1**
> 什么是真退料? 什么是假退料?

工业制造企业各种产品、各个车间、各个部门耗用的材料,无论是外购材料还是自制材料,都要根据审核无误的领退料凭证,按照材料的用途进行分配。其中:

直接用于产品生产、构成产品实体或有助于产品形成的材料费用,应计入"生产成本——基本生产成本"账户;

用于辅助生产产品或劳务生产,以及辅助生产车间一般耗用的材料费用,应计入"生产成本——辅助生产成本"账户;

用于基本生产车间一般耗用的材料费用,应计入"制造费用"账户;

用于产品销售的材料费用,应计入"销售费用"账户;

用于行政管理部门的材料费用,应计入"管理费用"账户;

用于固定资产建造或安装的材料费用,应计入"在建工程"账户。

[例 3-2] 假定某工业企业 10 月份根据领料单按旬汇总,编制"发料凭证汇总表",如图表 3-1 所示。

图表 3-1

发料凭证汇总表

××年 10 月 　　　　　　　　　　　　　　　　　　　　单位：元

领 料 部 门	1—10 日	11—20 日	21—31 日	合 计
基本生产产品领用	190 080	126 720	105 600	422 400
辅助生产产品或劳务及车间一般耗用	70 180	44 660	12 760	127 600
基本生产车间一般耗用	18 480	13 200	21 120	52 800
销售部门耗用	15 840	8 800	10 560	35 200
行政管理部门耗用	5 280	7 920	4 400	17 600
固定资产在建工程耗用	8 400	13 800	7 800	30 000
合计	308 260	215 100	162 240	685 600

根据上述发料凭证汇总表，发生的材料费用，既有生产经营管理费用，又有非生产经营管理费用（如：在建工程）；既有产品生产耗用、车间一般耗用，又有销售部门和行政管理部门耗用。应根据不同的对象分别加以归集，编制会计分录如下：

借：生产成本——基本生产成本　　　　422 400
　　生产成本——辅助生产成本　　　　127 600
　　制造费用　　　　　　　　　　　　 52 800
　　销售费用　　　　　　　　　　　　 35 200
　　管理费用　　　　　　　　　　　　 17 600
　　在建工程　　　　　　　　　　　　 30 000
　　贷：原材料　　　　　　　　　　　　　　　　685 600

二、材料费用的分配

对于直接用于产品生产、专门设有"直接材料"成本项目的费用，分得清楚哪种产品耗用的，直接计入该种产品成本；分不清楚哪种产品耗用的，即生产几种产品共同耗用的，则应采用适当的分配方法进行分配，然后分别计入各种产品的成本。常用的方法有按产品的材料定额消耗量或定额费用比例分配。

（一）按产品的材料定额消耗量比例分配

产品的材料定额消耗量是指一定产量下按照消耗定额计算的消耗材料的数量，而消耗定额是指单位产品消耗材料的数量限额。其计算分配程序及公式如下：

第一步，计算各种产品的材料定额消耗量：

某种产品材料定额消耗量＝该种产品实际产量×单位产品材料消耗定额

第二步，计算材料费用分配率：

$$材料费用分配率＝\frac{应分配的材料费用总额}{各种产品材料定额消耗量合计}$$

第三步,计算出各种产品应分配的材料费用:

某种产品应分配的材料费用＝该种产品材料定额消耗量×材料费用分配率

[**例 3-3**] 在[例 3-2]中,基本生产产品耗用材料费用合计 422 400 元,共生产甲、乙两种产品,10 月份甲产品产量 1 000 件,单位产品材料消耗定额 17.6 千克;乙产品产量 1 650 件,单位产品材料消耗定额 16 千克。

材料费用分配计算如下:

(1) 甲产品材料定额消耗量＝1 000×17.6＝17 600(千克)

乙产品材料定额消耗量＝1 650×16＝26 400(千克)

(2) 材料费用分配率＝$\dfrac{422\ 400}{17\ 600+26\ 400}$＝9.6(元/千克)

(3) 甲产品应分配材料费用＝17 600×9.6＝168 960(元)

乙产品应分配材料费用＝26 400×9.6＝253 440(元)

(二) 按产品的材料定额费用比例分配

在产品耗用材料种类较多的情况下,可以按照材料定额费用的比例分配材料费用,以简化分配计算工作,其计算分配程序及公式如下:

第一步,计算各种产品的材料定额费用:

某种产品材料定额费用 ＝ Σ该种产品实际产量×单位产品材料定额费用

第二步,计算材料费用分配率:

$$\text{材料费用分配率}=\frac{\text{应分配的材料费用总额}}{\text{各种产品材料定额费用合计}}$$

第三步,计算出各种产品应分配的材料费用:

某种产品应分配的材料费用＝该种产品材料定额费用×材料费用分配率

[**例 3-4**] 假定 10 月份投产甲、乙两种产品,甲产品产量 500 件,乙产品产量 300 件。甲产品生产需耗用 A、B、C 三种材料,单位消耗定额为:A 材料 6 千克、B 材料 8 千克、C 材料 11 千克;乙产品生产需耗用 A、B 两种材料,单位消耗定额为:A 材料 9 千克、B 材料 13 千克。A、B、C 三种材料的单价分别为 20 元、25 元、22 元。甲、乙产品共同耗用的材料费用为 497 375 元。

材料费用分配计算如下:

(1) 材料定额费用:

甲产品材料定额费用:

A 材料:500×6×20＝60 000(元)

B 材料:500×8×25＝100 000(元)

C 材料:500×11×22＝121 000(元)

甲产品材料定额费用小计 281 000 元。

乙产品材料定额费用：

A 材料：300×9×20＝54 000（元）

B 材料：300×13×25＝97 500（元）

乙产品材料定额费用小计 151 500 元。

(2) 材料费用分配率＝$\frac{497\,375}{281\,000+151\,500}$＝1.15

(3) 产品应分配材料费用：

甲产品应分配材料费用＝281 000×1.15＝323 150（元）

乙产品应分配材料费用＝151 500×1.15＝174 225（元）

根据上述计算结果，编制会计分录如下：

借：生产成本——基本生产成本——甲产品（直接材料）

323 150

——乙产品（直接材料）

174 225

贷：原材料   497 375

小练习 3-1

生产甲、乙两种产品共同耗用材料费用 14 256 元，生产甲产品 100 件，单件材料消耗定额 10 千克；生产乙产品 160 件，单件材料消耗定额 5 千克。

按照定额消耗量比例分配甲、乙产品的材料费用。

三、燃料费用的分配

燃料是指煤、油、汽等能源，是材料的一种。燃料费用（the cost of fuel）的分配，与上述材料费用的分配程序和方法基本相同。在一些工业制造企业，能源消耗量大，燃料费用在产品成本中所占比重也较大，为了加强对能源消耗的考核和控制，在会计账户中增设"燃料"账户，在"基本生产成本"明细账中增设"燃料及动力"成本项目，单独对燃料费用进行核算，并按照燃料费用的用途进行分配。其中：

直接用于产品生产、专设"燃料及动力"成本项目的燃料费用，应计入"生产成本——基本生产成本"账户；

用于辅助生产产品或劳务生产，以及辅助生产车间一般耗用的燃料费用，应计入"生产成本——辅助生产成本"账户；

用于基本生产车间一般耗用的燃料费用，应计入"制造费用"账户；

用于产品销售的燃料费用，应计入"销售费用"账户；

用于行政管理部门的燃料费用，应计入"管理费用"账户；

用于固定资产建造或安装的燃料费用，应计入"在建工程"账户。

对于直接用于产品生产、专设成本项目的燃料费用，如果分产品领用，属于直接计入费用，应直接计入各种产品成本；如果是几种产品共同耗用的燃料费用，应采用适当的分配方法，在各种产品之间进行分配，分配后再计入各种产品成本。常用的分配方法有按产品的重量、体积、所耗原材料的数量或费用等比例分配，也可以按燃料的定额消耗量或定额费用比例分配。

[例3-5] 假定某工业制造企业10月份生产甲、乙两种产品，甲产品产量2 500件，燃料单位耗用定额11千克；乙产品产量3 125件，燃料单位耗用定额4千克，共同发生的燃料费用为71 280元。

则燃料费用分配如下：

$$燃料费用分配率＝\frac{71\ 280}{2\ 500×11＋3\ 125×4}＝1.782(元/千克)$$

甲产品应分配燃料费用＝2 500×11×1.782＝49 005(元)

乙产品应分配燃料费用＝3 125×4×1.782＝22 275(元)

如果在产品成本中燃料费用比重不大，则可将其并入材料费用的核算，不设"燃料"账户，也不设"燃料及动力"成本项目。

第二节　职工薪酬的归集与分配

职工薪酬，是指企业为获得职工提供的服务而给予各种形式的报酬以及其他相关支出。职工薪酬包括：①职工工资、奖金、津贴和补贴；②职工福利费；③医疗保险费、养老保险费、失业保险费、工伤保险费和生育保险费等社会保险费；④住房公积金；⑤工会经费和职工教育经费；⑥非货币性福利；⑦因解除与职工的劳动关系给予的补偿；⑧其他与获得职工提供的服务相关的支出。

一、职工工资费用的归集与分配

工业制造企业职工工资费用(the cost of wages of staff and workers)是指在一定时期内支付给全厂职工的劳动报酬，包括计时工资、计件工资、奖金、津贴和补贴、加班加点工资、特殊情况下支付的工资等。

职工工资费用核算，应根据有关的原始记录进行，如：考勤记录、产量记录、质量记录等。

职工工资费用的大部分应计入生产经营管理费用，但有一些职工工资费用不能计入生产经营管理费用。应由生产产品、提供劳务负担的职工薪酬，计入产品成本或劳务成本；应由在建工程、无形资产负担的职工薪酬，计入建造固定资产或无形资产成本；其他职工薪酬，确认为当期损益。其中：

直接从事产品生产的生产工人工资，应计入"生产成本——基本生产成本"账户；

从事辅助生产产品或劳务生产的生产工人工资以及辅助生产车间管理人员的工资，应计入"生产成本——辅助生产成本"账户；

基本生产车间管理人员工资，应计入"制造费用"账户；

成本会计

专设销售机构人员工资,应计入"销售费用"账户;

行政管理人员的工资,应计入"管理费用"账户;

[**例 3-6**]　某企业 10 月份根据各车间、部门的工资结算单,汇总编制工资结算汇总表,如图表 3-2 所示。

图表 3-2

工资结算汇总表

××年 10 月　　　　　　　　　　　　　　　　　　　　　　单位:元

| 车间、部门 | 基本工资 | 计件工资 | 奖金 | 津贴和补贴 | 加班加点工资 | 扣:缺勤工资 | | 应付工资 |
						病假	事假	
基本生产车间生产工人	115 200	38 400	23 040	9 600	11 520	3 456	2 304	192 000
基本生产车间管理人员	13 120		1 920	960				16 000
辅助生产车间生产工人	49 920	8 960	3 200	3 840	1 280	2 240	960	64 000
辅助生产车间管理人员	9 800		1 000					10 800
销售部门人员	12 600		2 880	2 520				18 000
行政管理部门人员	42 240		3 840	1 920				48 000
合计	242 880	47 360	35 880	18 840	12 800	5 696	3 264	348 800

上述工资结算汇总表中,基本工资加计件工资、奖金、津贴和补贴、加班加点工资,减缺勤工资,等于应付工资。根据"应付工资"栏金额,编制会计分录如下:

借:生产成本——基本生产成本　　　　　192 000
　　制造费用　　　　　　　　　　　　 16 000
　　生产成本——辅助生产成本　　　　　74 800
　　销售费用　　　　　　　　　　　　 18 000
　　管理费用　　　　　　　　　　　　 48 000
　　　贷:应付职工薪酬——工资薪酬　　　　　　　　348 800

上述会计分录中,辅助生产车间无论是生产工人的工资,还是管理人员的工资,均计入"生产成本——辅助生产成本"账户。

实际支付职工工资时,应借记"应付职工薪酬——工资薪酬"账户,贷记"库存现金"或"银行存款"账户。

直接从事产品生产、专门设有"直接人工"成本项目的生产工人工资,如果是计件工资,属于直接计入费用,应根据工资结算凭证直接计入某种产品成本。如果是计时工资,分得清楚是为生产哪种产品而发生的,是直接计入费用,直接计入该种产品成本的"直接人工"成本项目;分不清楚的,是间接计入费用,一般应按产品的生产工时比例,分配计入各有关产品成本的这一成本项目。

奖金、津贴和补贴、加班加点工资等,一般也属于间接计入费用,应按直接计入的工资比例或生产工时比例,分配计入各有关产品成本的"直接人工"成本项目。

按产品的生产工时比例分配生产工人工资费用,其计算分配程序及公式如下:

第一步,计算工资费用分配率:

$$\text{生产工人工资费用分配率}=\frac{\text{生产工人工资费用总额}}{\text{产品生产工时合计}}$$

第二步,计算各种产品应分配的工资费用:

某种产品应分配的工资费用＝该种产品生产工时×生产工人工资费用分配率

[**例 3-7**] 假定上例基本生产车间生产甲、乙两种产品,"应付职工薪酬——工资薪酬"合计 192 000 元,减去计件工资 38 400 元(其中:甲产品计件工资 21 120 元、乙产品计件工资 17 280 元),计 153 600 元,按甲、乙产品生产工时比例分配,这两种产品的生产工时为:甲产品 10 980 小时,乙产品 9 500 小时。

工资费用分配计算如下:

工资费用分配率＝$\dfrac{153\,600}{10\,980+9\,500}$＝7.5(元／小时)

甲产品应分配工资费用＝10 980×7.5＝82 350(元)

乙产品应分配工资费用＝9 500×7.5＝71 250(元)

甲产品工资费用合计＝21 120＋82 350＝103 470(元)

乙产品工资费用合计＝17 280＋71 250＝88 530(元)

　　　　　　　合计　　192 000(元)

小知识 3-1

　　企业发生的职工福利费,应当在实际发生时根据实际发生额计入当期损益或相关资产成本。 职工福利费为非货币性福利的,应当按照公允价值计量。 根据我国企业所得税法实施条例,企业发生的职工福利费支出,不超过工资薪金总额 14％的部分,准予税前扣除。

二、职工社会保险费和住房公积金的计提

　　企业为职工缴纳的养老保险费、医疗保险费、失业保险费、工伤保险费、生育保险费等社会保险费(social insurance premiums)和住房公积金(housing fund),应当在职工为其提供服务的会计期间,根据工资总额的一定比例计算提取,不同城市、不同地区计提社会保险费的比例有所不同。以某一大城市为例,社会保险费的提取比例为:养老保险费按工资总额的 20％计提,医疗保险费按工资总额的 10％计提,失业保险费按工资总额的 1％计提,生育保险按工资总额的 1％计提,工伤保险按工资总额的 0.7％计提,五项保险费合计为工资总额的 32.7％,计算提取后应计入当期的成本费用账户,并确认相应的负债。职工个人按工资总额的 10.5％缴纳的社会保险费由企业从职工工资薪酬总额中代扣代缴,不计入企业的成本、费用。

　　社会保险费是按国家规定提取、筹集和使用的专项基金,专款专用,任何单位和个人都

无权自行决定该基金的其他用途。

　　住房公积金是企业及其在职职工缴存的长期住房储金。仍以某大城市为例,住房公积金的计提比例为企业和职工各缴7%。企业按职工工资总额的7%计提住房公积金,应计入当期的成本费用账户,并确认相应的负债。职工个人按工资总额的7%缴纳的住房公积金,由企业从职工工资薪酬总额中代扣代缴,不计入企业的成本、费用。当职工购买、建造、翻修、大修自住住房时,可以提取自己的住房公积金;当职工离退休时,因离退休终止劳动关系,住房公积金缴存的来源不复存在时,可以提取住房公积金用于养老、医疗等方面。

　　[例3-8]　根据图表3-2工资结算汇总表及[例3-7]生产工人工资的分配编制职工社会保险费和住房公积金分配表,如图表3-3所示。

图表3-3

职工社会保险费和住房公积金分配表

单位:元

应借账户	按工资总额32.7%计提的社会保险费	按工资总额7%计提的住房公积金	合计
生产成本——基本生产成本——甲产品	$103\,470\times32.7\%=33\,834.69$	$103\,470\times7\%=7\,242.9$	41 077.59
生产成本——基本生产成本——乙产品	$88\,530\times32.7\%=28\,949.31$	$88\,530\times7\%=6\,197.1$	35 146.41
制造费用	$16\,000\times32.7\%=5\,232$	$16\,000\times7\%=1\,120$	6 352
生产成本——辅助生产成本	$64\,000\times32.7\%=20\,928$	$64\,000\times7\%=4\,480$	25 408
生产成本——辅助生产成本	$10\,800\times32.7\%=3\,531.60$	$10\,800\times7\%=756$	4 287.60
销售费用	$18\,000\times32.7\%=5\,886$	$18\,000\times7\%=1\,260$	7 146
管理费用	$48\,000\times32.7\%=15\,696$	$48\,000\times7\%=3\,360$	19 056
合计	114 057.60	24 416	138 473.60

　　根据职工社会保险费和住房公积金分配表编制会计分录如下:

　　借:生产成本——基本生产成本——甲产品　　41 077.59

　　　　　　　　　　　　　　——乙产品　　35 146.41

　　　　制造费用　　　　　　　　　　　　6 352

　　　　生产成本——辅助生产成本　　　　29 695.60

　　　　销售费用　　　　　　　　　　　　7 146

　　　　管理费用　　　　　　　　　　　　19 056

　　　　贷:应付职工薪酬——社会保险费　　　　　　　　114 057.60

　　　　　　　　　　　　——住房公积金　　　　　　　　24 416

　　实际缴纳时,编制会计分录如下:

　　借:应付职工薪酬——社会保险费　　114 057.60

　　　　　　　　　　——住房公积金　　24 416

　　　　贷:银行存款　　　　　　　　　　　　　　　138 473.60

成本会计

三、工会经费和职工教育经费的计提

　　根据国家规定，工会经费（labour union expenditure）按职工工资总额的 2%计提，职工教育经费（personnel education）按职工工资总额的 8%计提。

　　[**例 3-9**]　根据图表 3-2 工资结算汇总表计提工会经费和职工教育经费，计算过程如下：

　　工会经费＝348 800×2%＝6 976（元）

　　职工教育经费＝348 800×8%＝27 904（元）

　　计提的工会经费和职工教育经费均由管理费用列支，编制会计分录如下：

　　借：管理费用——工会经费　　　　　　　　　　6 976

　　　　　　　　——职工教育经费　　　　　　　 27 904

　　　　贷：应付职工薪酬——工会经费　　　　　　　　　　 6 976

　　　　　　　　　　　——职工教育经费　　　　　　　　 27 904

　　计提的工会经费和职工教育经费应专款专用，用于职工开展工会活动、学习先进技术、提高文化水平。实际支用时，借记"应付职工薪酬"账户，贷记"库存现金"或"银行存款"账户。

第三节　外购动力费用、折旧费用和其他费用的归集与分配

一、外购动力费用的归集与分配

　　工业制造企业外购动力费用（the purchased power cost）是指向外单位购买动力发生的

费用,如向发电厂或供电局购买电力、热力,向煤气厂或煤气公司购买煤气,还有向其他单位购买蒸汽等所支付的费用。

支付外购动力费用时,一般借记"应付账款"账户,贷记"银行存款"账户;月末按照外购动力费用的用途,借记有关的成本、费用账户,贷记"应付账款"账户。

各车间、部门耗用动力的数量,一般都有仪表计量,因此,外购动力费用在各车间、部门之间,按耗用数量比例分配,如:耗用电费可按用电度数分配等。

直接用于产品生产的动力费用,例如生产工艺动力用电等,应计入"生产成本——基本生产成本"账户;

用于辅助生产产品或劳务生产,以及辅助生产车间一般耗用的动力费用,应计入"生产成本——辅助生产成本"账户;

基本生产车间一般耗用的动力费用,例如车间通风照明用电等,应计入"制造费用"账户;

专设销售机构耗用的动力费用,应计入"销售费用"账户;

行政管理部门耗用的动力费用,应计入"管理费用"账户。

小思考 3-2
支付和分配外购动力费用需通过哪个账户核算?

[例 3-10] 某企业 10 月份根据供电部门账单共耗用电力 76 800 度,每度电单价 0.6 元,计金额 46 080 元。根据分车间、部门安装的电表所示,基本生产产品耗电 49 920 度,辅助生产车间耗电 11 520 度,基本生产车间照明通风用电 7 680 度,专设销售机构用电 3 072 度,行政管理部门用电 4 608 度。

根据以上资料编制"外购动力费用分配表",如图表 3-4 所示。

图表 3-4

外购动力费用分配表

××年 10 月

单位:元

应借账户	耗电度数	单价	金额
生产成本——基本生产成本	49 920(度)	0.6	29 952
生产成本——辅助生产成本	11 520	0.6	6 912
制造费用	7 680	0.6	4 608
销售费用	3 072	0.6	1 843.2
管理费用	4 608	0.6	2 764.8
合计	76 800		46 080

根据外购动力费用分配表,编制会计分录如下:

借:生产成本——基本生产成本　　　　29 952

　　生产成本——辅助生产成本　　　　　6 912

制造费用	4 608
销售费用	1 843.2
管理费用	2 764.8
贷:应付账款	46 080

基本生产产品用电,不可能按产品分别安装电表,因此,在生产两种或两种以上产品的车间,动力费用要在所生产的各种产品之间分配,一般按生产工时比例进行分配。其计算分配程序及公式如下:

第一步,计算分配率:

$$动力费用分配率=\frac{基本生产车间产品耗用动力费用}{各种产品生产工时合计}$$

第二步,计算产品应分配动力费用:

$$某产品应分配的动力费用=该产品生产工时×动力费用分配率$$

[例3-11] 假定在[例3-10]中,基本生产产品共耗用电力费用 29 952 元,共生产甲、乙两种产品,甲产品生产工时 9 984 小时,乙产品生产工时 6 656 小时。

电力费用分配计算如下:

$$分配率=\frac{29\ 952}{9\ 984+6\ 656}=1.8(元/小时)$$

甲产品应分配电费=9 984×1.8=17 971.2(元)

乙产品应分配电费=6 656×1.8=11 980.8(元)

如果动力费用在产品成本中所占比重较大,成本计算中可增设"燃料和动力"成本项目;如果动力费用在产品成本中所占比重较小,那么,直接用于产品生产的燃料和动力费用,可计入"直接材料"成本项目。

小练习 3-2

本月份应付电费 21 120 元,基本生产车间产品耗电 26 400 度,辅助生产车间耗电 4 800 度,基本生产车间照明通风用电 1 600 度,行政管理部门用电 2 400 度。基本生产车间生产甲、乙两种产品,生产工时为:甲产品 38 400 小时,乙产品 21 600 小时。

分配本月份电费。

二、折旧费用的归集与分配

工业制造企业的固定资产是指为生产产品、提供劳务、出租或经营管理而持有的、使用寿命超过一个会计年度的房屋建筑物、机器机械、运输工具,以及其他与生产经营有关的设备、器材、工具等。

工业制造企业的固定资产虽然能够在长期的使用过程中保持原有的实物形态不变,但其价值却会随着固定资产的损耗而逐渐减少。因此,企业应当对所有的固定资产计提折旧(depreciation expense),但已提足折旧仍继续使用的固定资产和单独计价入账的土地除外。

折旧方法包括年限平均法、工作量法、双倍余额递减法与年数总和法。固定资产应当按月计提折旧。企业在实际计提固定资产折旧时，当月增加的固定资产，当月不提折旧，从下月起计提折旧；当月减少的固定资产，当月仍提折旧，从下月起停止计提折旧。

小知识 3-4

对所有行业持有的单位价值不超过 5 000 元的固定资产，允许一次性计入当期成本费用在计算应纳锐所得额时扣除，不再分年度计算折旧。

企业在 2018 年 1 月 1 日至 2020 年 12 月 31 日期间新购进的设备、器具，单位价值不超过 500 万元的，允许一次性计入当期成本费用在计算应纳税所得额时扣除，不再分年度计算折旧（即一次性税前扣除政策）。

固定资产折旧费一般按使用固定资产的车间、部门分别加以归集，但由于生产某种产品可能需要使用多种机器设备，而一种设备也可能参与多种产品的生产，因此，基本生产车间用来生产产品的机器设备的折旧费虽然属于直接生产费用，但无法直接计入某种产品的成本，因此先归集在"制造费用"账户的借方，待月末与其他间接生产费用一起，分配给基本生产车间所生产的各种产品。

折旧费用的分配一般通过编制"折旧费用分配表"进行。

[例 3-12] 某企业 10 月份折旧费用分配表如图表 3-5 所示。

图表 3-5

折旧费用分配表

××年 10 月

单位:元

项目	基本生产车间	辅助生产车间	专设销售机构	行政管理部门	合计
折旧费	26 684	13 457	1 495	8 932	50 568

根据上述折旧费用分配表，编制会计分录如下：

借：制造费用 　　　　　　　　　　26 684
　　生产成本——辅助生产成本 　　13 457
　　销售费用 　　　　　　　　　　1 495
　　管理费用 　　　　　　　　　　8 932
　　贷：累计折旧 　　　　　　　　　　　　　50 568

三、其他费用的分配

工业制造企业的其他费用(other expenses)一般包括利息费用、税金和其他支出。

（一）利息费用

利息费用(interest expenses)是指企业为筹集生产经营所需资金而发生的借款利息。

利息费用不计入产品成本，而是经营管理费用中财务费用的组成部分。

现行银行结算制度规定：短期借款利息的结算期是在每个季度的季末 21 日。

如果利息费用数额不大,则三个月的利息费用可全部计入季末这个月的财务费用,借记"财务费用"账户,贷记"银行存款"账户。

如果利息费用数额较大,则应按照权责发生制原则要求,正确划分各个月份的费用界限,采用按月预提、季末计算的办法。

[**例 3-13**] 某企业第三季度向银行取得短期借款 60 万元,年利率 8%,预计利息费用 12 000 元,每月预提 4 000 元,9 月 21 日实际支付利息 12 267 元。

根据上述资料,7、8 两个月每月月末预提利息费时,编制会计分录如下:

借:财务费用　　　　　　　　　　　　　　　4 000

　　贷:应付利息　　　　　　　　　　　　　　　　4 000

9 月 21 日实际支付第三季度利息费用时,编制会计分录如下:

借:应付利息　　　　　　　　　　　　　　　12 267

　　贷:银行存款　　　　　　　　　　　　　　　　12 267

9 月末将实际支付数与预提数的差额 4 267 元(12 267－4 000×2)计入 9 月份的财务费用,编制会计分录如下:

借:财务费用　　　　　　　　　　　　　　　4 267

　　贷:应付利息　　　　　　　　　　　　　　　　4 267

企业存款利息收入,也是一个季度结算一次,接到银行存款利息入账通知时,应借记"银行存款"账户,贷记"财务费用"账户,作为利息费用的冲减数处理。

(二) 税金

计入经营管理费用中管理费用的各种税金(taxes),包括房产税、车船税、土地使用税和印花税。

其中房产税、车船税和土地使用税,都是按年计征。

按税法规定计算出应交的房产税、车船税、土地使用税时,借记"管理费用"账户,贷记"应交税费"账户;企业实际缴纳税款时,借记"应交税费"账户,贷记"银行存款"账户。

印花税可用现金或银行存款直接缴纳,缴纳时,借记"管理费用"账户,贷记"库存现金"或"银行存款"账户。

如果一次性购买印花税票金额较多且分月使用的,可作为待摊费用处理。

[**例 3-14**] 某企业 10 月份用银行存款购买印花税票 9 600 元,准备分 3 个月使用,10 月份实际使用印花税票 3 500 元。

购买印花税票时,编制会计分录如下:

借:预付账款　　　　　　　　　　　　　　　9 600

　　贷:银行存款　　　　　　　　　　　　　　　　9 600

10 月份实际使用时,编制会计分录如下:

借:管理费用　　　　　　　　　　　　　　　3 500

　　贷:预付账款　　　　　　　　　　　　　　　　3 500

（三）其他支出

其他支出（other expenses）是指除了以上各项费用以外的费用支出，包括租赁费、修理费、差旅费、邮电费、保险费、劳动保护费、运输费、办公费、水电费、技术转让费、业务招待费、排污费、绿化费、职工培训费等。

上述这些支出，有的属于产品成本的组成部分，如：机器设备的租赁费、修理费等；有的属于经营管理费用，不计入产品成本，如：业务招待费等。

发生这些费用时，应该按照发生的车间、部门和用途，分别借记"制造费用"、"生产成本——辅助生产成本"、"销售费用"、"管理费用"等账户，贷记"库存现金"、"银行存款"账户。

［例3-15］　用银行存款支付办公费19 836元，其中辅助生产车间2 709元，基本生产车间12 298元，专设销售机构1 341.8元，行政管理部门3 487.2元，编制会计分录如下：

```
借：生产成本——辅助生产成本        2 709
    制造费用                    12 298
    销售费用                    1 341.8
    管理费用                    3 487.2
    贷：银行存款                              19 836
```

通过以上材料费用、人工费用、外购动力费用、折旧费用和其他费用的归集与分配，工业制造企业的各项要素费用已经按照费用的用途分别归集在"生产成本——基本生产成本"、"生产成本——辅助生产成本"、"制造费用"、"销售费用"、"管理费用"、"财务费用"、"在建工程"等账户的借方，对于其中计入"生产成本——基本生产成本"账户借方的费用，也已经直接或分配计入各种产品成本明细账的有关成本项目。根据第二章第一节正确划分各种费用界限的要求，我们已经完成了第一、第二两方面费用的正确划分，即正确划分了生产经营管理费用和非生产经营管理费用、产品生产费用和期间费用的界限。

第四节　预付预提费用的归集与分配

一、预付费用的归集与分配

预付费用是指企业已经支付，但尚未受益的费用，即预先支付货币资金而应由以后几个会计期间共同受益的项目，如：预付租金、预付保险费，以及一次性购买印花税票和一次性缴纳印花税税额较大需分摊的数额等。

预付费用的归集和分配应通过"预付账款"账户进行，发生或支出预付费用时，应借记"预付账款"账户，贷记"银行存款"等账户；分月摊销时，按车间、部门和费用用途分别借记"制造费用"、"生产成本——辅助生产成本"、"销售费用"、"管理费用"等账户，贷记"预付账

成本会计

款"账户;"预付账款"账户期末如有余额,一定在借方,表示已经支付但尚未分摊的费用。

[例3-16] 某企业7月份预付财产保险费36 000元,受益期限为半年,其中:基本生产车间应负担14 400元,辅助生产车间应负担10 800元,专设销售机构应负担3 600元,行政管理部门应负担7 200元。

7月份预付保险费时,编制会计分录如下:

借:预付账款	36 000	
贷:银行存款		36 000

7—12月份每月月末摊销时,编制会计分录如下:

借:制造费用	2 400	
生产成本——辅助生产成本	1 800	
销售费用	600	
管理费用	1 200	
贷:预付账款		6 000

二、预提费用的归集与分配

预提费用(accrued expenses)是指企业按照规定从成本费用中预先提取但尚未支付的费用,如:预提的租金、保险费、借款利息等。

按规定预提计入本期成本费用的各项支出,借记"制造费用"、"生产成本——辅助生产成本"、"销售费用"、"管理费用"、"财务费用"等账户,贷记"其他应付款"账户(一般费用)、"应付利息"账户(企业计提的利息)、"应付职工薪酬"账户(应发的工资);实际发生或支付费用时,借记"其他应付款"账户、"应付利息"账户、"应付职工薪酬"账户,贷记"银行存款"等账户。

由于预提时有时并不十分清楚发生的费用到底是多少,因而当实际发生的支出大于已经预提的数额时,视同预付费用分期摊入成本。

小知识 3-5

"其他应付款"账户贷方余额,反映企业已预提但尚未支付的各项费用;期末如为借方余额,反映企业实际支出的费用大于预提数的差额,即尚未分摊的费用。

[例3-17] 某企业经营性租赁固定资产租金采用先用后付的方式,预计需要租赁费用90 000元,从1月份开始分十二个月预提租赁费用。预计发生的租赁费用中:基本生产车间占50%,辅助生产车间占30%,行政管理部门占20%。11月初共支付租赁费用99 000元,用银行存款支付。

1—10月份每月预提租赁费用时,编制会计分录如下:

借:制造费用   3 750

生产成本——辅助生产成本	2 250	
管理费用	1 500	
贷：其他应付款		7 500

11 月初实际支付租赁费用 99 000 元时，编制会计分录如下：

借：其他应付款	99 000	
贷：银行存款		99 000

此时，"其他应付款"账户借方发生额 99 000 元，贷方发生额 75 000 元（7 500×10），出现借方余额 24 000 元，视同预付费用，在剩下的两个月中，分期摊入成本费用。

11、12 月份每月分摊租赁费用时，编制会计分录如下：

借：制造费用	6 000	
生产成本——辅助生产成本	3 600	
管理费用	2 400	
贷：其他应付款		12 000

本节"预付预提费用的归集与分配"，是为了贯彻权责发生制原则"正确划分各期产品成本的费用界限"，凡支付期与受益期不一致且金额较大的费用，都应按照这个原则来进行处理。

> **小练习 3-3**
>
> 9 月份实际支付基本生产车间固定资产修理费 37 500 元，7 月份、8 月份分别预提 12 000 元。
>
> 编制 9 月份会计分录（实际支付数与每月预提数的差额计入 9 月份的成本费用）。

第五节　辅助生产费用的归集与分配

一、辅助生产费用的归集

工业制造企业的生产车间有基本生产车间和辅助生产车间两种类型，它们各自的职能是不同的，基本生产车间从事企业的商品产品生产，辅助生产车间则为基本生产车间、行政管理部门等服务而进行产品生产和劳务供应。例如，钢铁厂的炼铁车间、炼钢车间、轧钢车间是基本生产车间，机修车间是辅助生产车间；纺织厂的纺纱车间、织布车间是基本生产车间，蒸汽车间、机修车间是辅助生产车间等。

辅助生产车间有提供一种劳务的辅助生产车间，如供电车间、供水车间、供汽车间、运输车间等；也有既提供劳务又生产多种产品的辅助生产车间，如机修车间有时候为基本生产车间等提供机器设备维修保养劳务，有时候也为基本生产车间制作不同的工具、模具、修理用备件等产品。

辅助生产费用（auxiliary production expenses）是指辅助生产车间为生产产品或提供劳

务而发生的各项费用。

辅助生产费用的归集是通过"生产成本——辅助生产成本"账户进行的,一般应按车间以及产品和劳务设置明细账。由于辅助生产车间发生的所有费用都计入"生产成本——辅助生产成本"账户,不单独设置辅助生产车间的"制造费用",因此,"生产成本——辅助生产成本"明细账按成本项目与费用项目结合设置专栏。

[例 3-18] 某企业机修车间 10 月份辅助生产成本明细账如图表 3-6 所示。

图表 3-6

辅助生产成本明细账

辅助车间:机修 ××年 10 月 单位:元

摘　要	直接材料	直接人工	外购动力	折旧费	办公费	财产保险费	租赁费	合计
发料凭证汇总表	127 600							127 600
工资结算汇总表		74 800						74 800
计提社会保险费和住房公积金		29 695.60						29 695.60
外购动力分配表			6 912					6 912
折旧费用分配表				13 457				13 457
支付办公费					2 709			2 709
摊销保险费						1 800		1 800
预提租金							2 250	2 250
合计	127 600	104 495.60	6 912	13 457	2 709	1 800	2 250	259 223.60

小知识 3-6

辅助生产车间生产的工具、模具、修理用备件等产品完工验收入库时:
借:周转材料——低值易耗品
　　原材料
　　贷:生产成本——辅助生产成本
辅助生产车间提供的劳务,按"谁接受劳务、谁负担费用"的原则(即受益原则)分配时:
借:生产成本——基本生产成本
　　制造费用
　　管理费用
　　贷:生产成本——辅助生产成本

成本会计

二、辅助生产费用的分配

企业辅助生产车间为基本生产车间、行政管理部门和其他部门提供的产品和劳务,须在月度终了时,按照一定的分配标准分配给各受益对象。

对于进行工具、模具、修理用备件等产品制作的辅助生产车间,当产品完工、验收入库时,借记"周转材料——低值易耗品"或"原材料"账户,贷记"生产成本——辅助生产成本"账户。

对于提供劳务的辅助生产车间,则要根据受益原则对各个受益对象进行分配,借记"生产成本——基本生产成本"、"制造费用"、"管理费用"、"销售费用"等账户,贷记"生产成本——辅助生产成本"账户。具体又有以下两种情况。

(一)只有一个辅助生产车间辅助生产费用的分配

如果企业只有一个辅助生产车间,只需将发生的辅助生产费用直接分配给各受益车间或部门。

[例 3-19] 假定某企业只有一个辅助生产车间——机修车间,根据其"辅助生产成本"明细账所记共发生费用 237 291 元。10 月份共发生修理工时 6 000 小时,其中为基本生产车间提供修理劳务 5 000 小时,为行政管理部门提供修理劳务 1 000 小时。

根据上述资料,编制辅助生产费用分配表如图表 3-7 所示。

图表 3-7

辅助生产费用分配表

××年 10 月

单位:元

辅助生产车间名称		机修车间
待分配辅助生产费用		237 291
提供劳务总量		6 000(小时)
费用分配率		39.548 5(元/小时)
基本生产车间耗用	数量	5 000
	金额	197 742.5
行政管理部门耗用	数量	1 000
	金额	39 548.5
合计		237 291

根据上述辅助生产费用分配表,编制会计分录如下:

借:制造费用　　　　　　　　　　197 742.5

　　管理费用　　　　　　　　　　 39 548.5

　　　贷:生产成本——辅助生产成本　　　　　　　237 291

（二）两个或两个以上辅助生产车间辅助生产费用的分配

设有两个或两个以上辅助生产车间辅助生产费用的分配，一般有直接分配法、顺序分配法、交互分配法、计划成本分配法和代数分配法，本教材重点介绍直接分配法。

直接分配法（direct allocation method）是将各辅助生产车间发生的费用，直接分配给辅助生产车间以外的各受益产品、车间或部门，而不考虑各辅助生产车间之间相互提供劳务的情况。

其计算分配程序及公式如下：

第一步，计算辅助生产费用分配率：

$$辅助生产费用分配率（或单位成本）= \frac{某辅助生产车间费用总额}{该辅助生产车间提供的劳务总量 - 提供给其他辅助生产车间的劳务数量}$$

第二步，计算辅助生产车间以外各受益部门应分配的辅助生产费用：

$$各受益产品、车间或部门应分配的辅助生产费用 = 该受益产品、车间或部门耗用的劳务数量 \times 辅助生产费用分配率（或单位成本）$$

[例3-20] 某企业设有蒸汽、机修两个辅助生产车间，这两个辅助生产车间发生的费用和提供的劳务数量如图表3-8所示。

图表3-8

辅助生产车间发生费用及提供劳务数量

项 目		蒸汽车间	机修车间
辅助生产费用合计		22 500（元）	54 000（元）
提供的劳务总量		40 000（立方米）	24 000（小时）
各受益对象	蒸汽车间		6 000
	机修车间	4 000	
	基本生产甲产品	10 800	
	基本生产乙产品	10 000	
	基本生产车间	7 200	12 000
	行政管理部门	8 000	6 000
合计		40 000	24 000

根据图表3-8的资料，采用直接分配法编制辅助生产费用分配表，如图表3-9所示。

图表3-9

辅助生产费用分配表（直接分配法）

项 目	蒸汽车间	机修车间	合计
辅助生产费用合计	22 500（元）	54 000（元）	76 500（元）
对辅助生产车间以外各受益部门提供的劳务数量	36 000（立方米）	18 000（小时）	

项　　目		蒸汽车间	机修车间	合　计
分配率(或单位成本)		0.625(元/立方米)	3(元/小时)	
基本生产成本——甲产品	耗用数量	10 800		
	分配金额	6 750		6 750
——乙产品	耗用数量	10 000		
	分配金额	6 250		6 250
制造费用	耗用数量	7 200	12 000	
	分配金额	4 500	36 000	40 500
管理费用	耗用数量	8 000	6 000	
	分配金额	5 000	18 000	23 000
合计		22 500	54 000	76 500

上述表中辅助生产费用分配率计算过程如下：

蒸汽车间：$\dfrac{22\,500}{40\,000-4\,000}=0.625$(元/立方米)

机修车间：$\dfrac{54\,000}{24\,000-6\,000}=3$(元/小时)

根据以上分配表,编制会计分录如下：

借：生产成本——基本生产成本——甲产品(燃料及动力)

6 750

——乙产品(燃料及动力)

6 250

制造费用　　　　　　　　　　　40 500

管理费用　　　　　　　　　　　23 000

贷：生产成本——辅助生产成本——蒸汽车间　　　22 500

——机修车间　　　54 000

采用直接分配法分配辅助生产费用,由于各辅助生产车间发生的费用直接分配给辅助生产车间以外的各受益产品、车间或部门,因此计算工作较为简便,但辅助生产车间相互提供劳务相互不分配费用,往往造成分配计算结果不正确。因此,直接分配法适宜在各辅助生产车间之间相互提供劳务不多,不进行相互分配对成本影响不大的情况下采用。

第六节　制造费用的归集与分配

一、制造费用的归集

工业制造企业的制造费用(manufacturing cost)是指企业各个生产单位(车间、分厂)为组织和管理生产所发生的一切费用,即产品生产成本中除直接材料和直接人工以外的一切生产成本(车间生产和行政管理部门的固定资产所发生的固定资产维修费列入"管理费用")。其内容包括车间管理人员工资、职工福利费、折旧费、办公费、水电费、机物料消耗、劳动保护费、交通费、租赁费、低值易耗品摊销、生产用工具费、试验检验费、取暖费、差旅费、运输费、保险费等。

发生制造费用时,应根据有关的付款凭证、转账凭证和各种费用分配表,计入"制造费用"账户的借方。例如,车间发生的机物料消耗,借记"制造费用"账户,贷记"原材料"账户;发生的车间管理人员的工资及福利费,借记"制造费用"账户,贷记"应付职工薪酬——工资薪酬"账户;车间计提的固定资产折旧,借记"制造费用"账户,贷记"累计折旧"账户;车间支付的办公费、水电费等,借记"制造费用"账户,贷记"银行存款"等账户。

制造费用应按照车间设置明细账,以反映各个车间制造费用的支出情况和构成水平,是期末编制制造费用明细表的依据。

[例3-21] 根据第三章前述各项经济业务,登记制造费用明细账,如图表3-10所示。

图表3-10

制造费用明细账

车间名称:基本生产车间 ××年10月 单位:元

摘　要	机物料消耗	工资及福利费	水电费	折旧费	办公费	财产保险费	租赁费	辅助生产转入费用	合计
耗用材料	52 800								52 800
分配工资		16 000							16 000
计提社会保险费和住房公积金		6 352							6 352
耗用动力			4 608						4 608
计提折旧				26 684					26 684
支付办公费					12 298				12 298
摊销保险费						2 400			2 400
预提租赁费							3 750		3 750
分配辅助生产费用								40 500	40 500
合计	52 800	22 352	4 608	26 684	12 298	2 400	3 750	40 500	165 392

二、制造费用的分配

月末,企业应将归集的制造费用分配计入有关的成本核算对象,借记"生产成本——基本生产成本"账户,贷记"制造费用"账户。

在生产一种产品的车间,制造费用是直接计入费用,应直接计入该种产品的成本;

在生产几种产品的车间,制造费用是间接计入费用,应采用适当的分配方法分配计入各种产品的成本。

制造费用的分配法,一般有下列几种:按生产工人工资、生产工人工时、机器工时、耗用原材料的数量或成本、直接成本、产品产量等比例分配。企业可根据实际情况决定具体采用哪种分配方法,但一经确定,不得随意变更。

在季节性生产的企业,还可采用按年度计划分配率分配法。

本教材介绍常用的两种方法。

(一)生产工人工资比例法

生产工人工资比例法,是按照计入各种产品成本的生产工人工资的比例分配制造费用的方法。其计算分配程序及公式如下:

第一步,计算制造费用分配率:

$$制造费用分配率=\frac{制造费用总额}{各种产品生产工人工资总额}$$

第二步,计算各种产品应分配的制造费用:

$$某产品应分配的制造费用=该产品生产工人工资×制造费用分配率$$

[例3-22] 根据图表3-14制造费用明细账,本月制造费用合计165 392元,又根据[例3-7]得知甲产品生产工人工资为103 470元,乙产品生产工人工资为88 530元。

按生产工人工资比例分配制造费用如下:(计算结果取整数)

$$制造费用分配率=\frac{165\ 392}{103\ 470+88\ 530}=0.861\ 416$$

甲产品应分配的制造费用=103 470×0.861 416=89 131(元)

乙产品应分配的制造费用=88 530×0.861 416=76 261(元)

根据上述分配结果,编制会计分录如下:

借:生产成本——基本生产成本——甲产品(制造费用) 89 131

　　　　　　　　　　　　——乙产品(制造费用) 76 261

　　贷:制造费用　　　　　　　　　　　　　　　　　　　　165 392

采用生产工人工资比例法分配制造费用,资料现成,计算简便。但采用这种方法,必须符合一个条件,即各种产品生产机械化程度相差不多,否则会影响分配结果的准确性。

(二)生产工时比例法

生产工时比例法,是按照各种产品生产工时的比例分配制造费用的方法。

[例3-23] 根据图表3-10制造费用明细账金额和[例3-7]甲、乙产品生产工时资料来分配制造费用,其中甲产品10 980小时,乙产品9 500小时。

按生产工时比例分配制造费用如下:(计算结果取整数)

$$制造费用分配率=\frac{165\ 392}{10\ 980+9\ 500}=8.075\ 781(元/小时)$$

甲产品应分配制造费用=10 980×8.075 781=88 672(元)

乙产品应分配制造费用=9 500×8.075 781=76 720(元)

采用生产工时比例法分配制造费用,使劳动生产率高低与制造费用水平多少结合起来,分配结果较为合理。但平时要做好各种产品生产工时的记录和计算工作。

至本节结束，应计入本月产品成本的生产费用，都已归集在"生产成本——基本生产成本"账户及其产品成本明细账中。

小练习 3-4

本月份制造费用总额 32 000 元，生产甲、乙两种产品。甲产品产量 1 000 件，单件工时定额 1.6 小时，乙产品产量 800 件，单件工时定额 3 小时。按定额工时比例分配制造费用。

至本节为止，工业制造企业生产经营管理费用的归集与生产费用在各种产品之间横向分配的核算，即正确划分各种产品的费用界限已经结束。接下去将进行生产费用的纵向分配。

第四章 工业制造企业生产费用在完工产品与在产品之间纵向分配的核算

【学习目标】

通过本章学习，明确在产品的概念，了解在产品清查的核算。理解月初在产品成本、本月生产费用、本月完工产品成本和月末在产品成本四者之间的关系，掌握生产费用在完工产品与在产品之间分配的七种方法。

第一节　在产品收发结存的核算

一、在产品的概念

工业制造企业的在产品(unfinished products)是指没有完成全部生产过程、不能作为商品销售的产品。包括正在生产车间加工中的在产品和已经在某个或几个生产车间完成加工任务但还需在企业其他生产车间进一步加工的半成品。

工业制造企业的在产品有广义在产品和狭义在产品之分。

广义在产品是从整个企业的角度看,指各车间正在加工中的在制品,已经完成了一个或几个生产步骤,但还需继续加工的半成品和等待验收入库的完工产品,包括待返修的废品。

狭义在产品是从车间或生产步骤的角度看,指本车间或本生产步骤正在加工中的在制品,包括待返修的废品。

如果企业有一部分半成品对外销售,则这部分半成品就不属于企业的在产品,而是属于库存商品,因为它已结束了在本企业的进一步加工生产过程。

二、在产品数量的核算

在产品数量的核算,一般应采用永续盘存制,进行收入、转出、结存的明细核算,以便根据账面资料随时了解和掌握在产品的动态。同时,还要定期进行实地盘点,以保证账存数如实地反映实存数,以便加强生产资金管理,保护在产品安全、完整,正确计算产品成本。

三、在产品清查的核算

为了保证在产品账实相符,企业应定期或不定期地对在产品进行清查,将实地盘点数与在产品收发存明细账进行核对,编制"在产品盘存表",列明账存数、实存数、盘盈或盘亏数,以及盘盈盘亏的原因和处理意见等,然后进行在产品清查的账务处理。

在产品盘盈时,应借记"生产成本——基本生产成本"账户,贷记"待处理财产损溢"账户;按照规定转销时,则借记"待处理财产损溢"账户,贷记"管理费用"账户。

在产品盘亏或毁损时,应借记"待处理财产损溢"账户,贷记"生产成本——基本生产成本"账户;毁损在产品的残料价值,借记"原材料"账户,贷记"待处理财产损溢"账户。按照规定转销时,应根据不同情况分别进行核算,其中准予计入生产经营管理费用的损失,借记"管理费用"账户;应由过失人或保险公司赔偿的损失,借记"其他应收款"账户;由于意外灾害造成的非常损失,借记"营业外支出"账户,贷记"待处理财产损溢"账户。

> **小知识 4-1**
>
> 在产品盘盈盘亏时,应通过"待处理财产损溢"账户核算。

[**例 4-1**]　某工业企业 10 月份对基本生产车间的在产品进行清查,清查结果如下:甲产品盘盈 14 件,单件定额成本 34 元;乙产品由于保管不善盘亏 18 件,单件定额成本 42 元,应由过失人赔偿 126 元;丙产品由于自然灾害毁损 30 件,单件定额成本 26 元,收回残料作价 180 元。乙、丙产品的损失已报经批准转账。

根据以上资料,应分别编制会计分录如下:

1. 在产品盘盈的核算

(1)甲产品盘盈时:

借:生产成本——基本生产成本——甲产品　　　476

　　贷:待处理财产损溢　　　　　　　　　　　　　　476

(2)经批准转销时:

借:待处理财产损溢　　　　　　　476

　　贷:管理费用　　　　　　　　　　　　　476

2. 在产品盘亏的核算

(1)乙产品盘亏时:

借:待处理财产损溢　　　　　　　756

　　贷:生产成本——基本生产成本——乙产品　　　756

(2)应由过失人赔偿:

借:其他应收款　　　　　　　126

　　贷:待处理财产损溢　　　　　　　　126

(3)其余经批准转销时:

借:管理费用　　　　　　　630

　　贷:待处理财产损溢　　　　　　　630

3. 在产品毁损的核算

(1)丙产品发生毁损时:

借:待处理财产损溢　　　　　　　780

　　贷:生产成本——基本生产成本——丙产品　　　780

(2)收回残料价值:

借:原材料　　　　　　　180

　　贷:待处理财产损溢　　　　　　　180

(3)其余经批准作营业外支出:

借:营业外支出　　　　　　　600

　　贷:待处理财产损溢　　　　　　　600

第二节　完工产品与在产品之间费用分配的核算

经过前述第三章生产费用在各种产品之间横向的分配核算以后,工业企业发生的各项

生产费用,已经全部计入"生产成本——基本生产成本"总账账户及其所属明细账"产品成本明细账"中。

月末,如果某种产品全部生产完工,归集在该种产品成本明细账中的全部生产费用,都是本期完工产品的成本。

如果本月没有完工产品,归集在该种产品成本明细账中的全部生产费用,都是期末在产品成本。

如果月末既有完工产品,又有在产品,归集在该种产品成本明细账中的全部生产费用,需要选择适当的分配方法,在本月完工产品和月末在产品之间进行分配,计算出完工产品成本和月末在产品成本。

月初在产品成本、本月生产费用、本月完工产品成本和月末在产品成本之间,存在着以下数学关系,即:

月初在产品成本＋本月生产费用＝本月完工产品成本＋月末在产品成本

或　　　**月初在产品成本＋本月生产费用－月末在产品成本＝本月完工产品成本**

将生产费用在完工产品与在产品之间分配,正是依据上述公式进行的,一般有在产品不计算成本法、在产品按年初固定成本计价法、在产品按所耗原材料费用计价法、在产品按完工产品成本计价法、约当产量比例法、在产品按定额成本计价法和定额比例法等七种方法。

下面将对这七种方法作一一介绍。

一、在产品不计算成本法

在产品不计算成本法是指某种产品本月归集的全部生产费用都计入本月完工产品成本,不计算月末在产品成本。

[**例 4-2**]　假定某企业 10 月份生产甲产品 200 件,月末完工 192 件,未完工 8 件,发生生产费用如下:直接材料费用 65 472 元,直接人工费用 26 112 元,制造费用 19 776 元,合计 111 360 元。

根据以上资料,编制产品成本明细账如图表 4-1 所示。

图表 4-1

产品成本明细账

××年 10 月

完工产品产量192 件
月末在产品数量8 件

产品名称:甲产品

成本项目	直接材料	直接人工	制造费用	合计
月初在产品成本	—	—	—	—
本月生产费用	65 472	26 112	19 776	111 360
生产费用合计	65 472	26 112	19 776	111 360
完工产品成本	65 472	26 112	19 776	111 360
完工产品单位成本	341	136	103	580
月末在产品成本	—	—	—	—

成本会计

上例中,完工产品 192 件,月末在产品 8 件,月末在产品数量很小,如果上月月末在产品数量是 6 件,那么月初、月末在产品数量的差异就更小,算不算各月月末在产品成本对完工产品成本的影响不大。

为了简化产品成本计算工作,不计算月末在产品成本,当然上月也不计算月末在产品成本,因此,月初在产品成本和月末在产品成本均为零,而本月生产费用就等于本月完工产品成本,除以完工产品产量,求得完工产品单位成本。

在产品不计算成本法适用于各月在产品数量很小,管理上不要求计算在产品成本的企业,其特点是本月发生的生产费用等于本月完工产品成本。

二、在产品按年初固定成本计价法

在产品按年初固定成本计价法是指各月月初、月末在产品成本均按年初数计价。

[例 4-3] 假定某工业制造企业 10 月份生产乙产品 500 吨,月末完工产品 400 吨,未完工产品 100 吨,月初在产品成本为:直接材料费用 164 000 元,直接人工费用 57 000 元,制造费用 35 000 元,合计 256 000 元。本月生产费用为:直接材料 636 000 元,直接人工费用 273 000 元,制造费用 165 000 元,合计 1 074 000 元。

根据以上资料,编制产品成本明细账如图表 4-2 所示。

图表 4-2

产品成本明细账

××年 10 月　　　　　　　　　　　　　　　　完工产品产量 400 吨

产品名称:乙产品　　　　　　　　　　　　　　　月末在产品数量 100 吨

成本项目	直接材料	直接人工	制造费用	合 计
月初在产品成本	164 000	57 000	35 000	256 000
本月生产费用	636 000	273 000	165 000	1 074 000
生产费用合计	800 000	330 000	200 000	1 330 000
完工产品成本	636 000	273 000	165 000	1 074 000
完工产品单位成本	1 590	682.5	412.5	2 685
月末在产品成本	164 000	57 000	35 000	256 000

上例中,月末在产品按年初固定成本计价,而月初在产品即上月月末在产品也按年初固定成本计价,因此,月末在产品成本等于月初在产品成本,这个年初固定成本即上年年末在产品的实际成本。因此本月生产费用也等于本月完工产品成本,除以完工产品产量,求得完工产品单位成本。

由于各月在产品均按年初固定成本计价,时间久了,在产品成本就有可能与实际成本相差较大,从而影响成本计算的正确性。因此,年终时,应根据实际盘点的在产品数量,重新调整计算确定在产品成本。

在产品按年初固定成本计价法适用于在产品数量较小,或在产品数量虽大但各月之间在产品数量变动不大的产品生产企业。例如，[例4-3]月末在产品100吨，数量较大，但该企业各月月末在产品数量都在100吨左右，月初、月末在产品成本的差额不大，因此不计算各月在产品成本的差额，对完工产品成本计算的准确性影响不大。这种方法的特点是本月发生的生产费用等于本月完工产品成本。

> **小思考4-1**
> 在哪两种分配方法下，本月生产费用等于本月完工产品成本？

三、在产品按所耗原材料费用计价法

在产品按所耗原材料费用计价法是指月末在产品只计算耗用的原材料费用，不计算耗用的人工费用和制造费用，人工费用和制造费用全部计入完工产品成本。

[例4-4]　假定某工业制造企业10月份生产丙产品560台，月末完工产品480台，未完工产品80台。月初在产品成本为：直接材料72 000元，合计72 000元。本月生产费用为：直接材料111 680元，直接人工16 200元，制造费用13 800元，合计141 680元。直接材料费用按完工产品产量与月末在产品数量比例分配。

根据以上资料，编制产品成本明细账如图表4-3所示。

图表4-3

产品成本明细账

××年10月

完工产品产量480台

月末在产品数量80台

产品名称：丙产品

成本项目	直接材料	直接人工	制造费用	合计
月初在产品成本	72 000			72 000
本月生产费用	111 680	16 200	13 800	141 680
生产费用合计	183 680	16 200	13 800	213 680
完工产品成本	157 440	16 200	13 800	187 440
完工产品单位成本	328	33.75	28.75	390.5
月末在产品成本	26 240			26 240

上表中，直接材料费用分配计算如下：

$$直接材料费用分配率 = \frac{183\ 680}{480+80} = 328(元/台)$$

完工产品应分配直接材料费用＝480×328＝157 440(元)

月末在产品应分配直接材料费用＝80×328＝26 240(元)

上例中，月末在产品只计算原材料费用，因此，月末在产品成本合计即月末在产品的直接材料费用。之所以这样做，是因为在产品成本中，原材料成本所占比重相当大，如：上例完

工产品成本合计 187 440 元,而直接材料费用金额为 157 440 元,占产品总成本的 84％左右,直接人工和制造费用加起来也只占产品总成本的 16％左右,再加上月初、月末在产品的人工费用和制造费用还可以互相抵消,因此,月末在产品不计算人工费用和制造费用,对准确计算完工产品成本影响不大。

在产品按所耗原材料费用计价法适用于各月末在产品数量较大且数量变化较大,并且原材料费用在成本中所占比重较大的产品。这种方法的特点是本月发生的人工费用和制造费用全部计入完工产品成本。

小思考 4-2

在哪种分配方法下,月末在产品成本等于直接材料成本?

四、在产品按完工产品成本计价法

在产品按完工产品成本计价法是指将在产品视同完工产品分配各项费用。

[例 4-5] 假定某工业制造企业 10 月份生产丁产品 7 000 千克,月末完工产品 5 500 千克,未完工产品 1 500 千克已基本加工完毕但尚未包装入库。月初在产品成本为:直接材料 24 000 元,直接人工 8 700 元,制造费用 6 600 元,合计 39 300 元。本月生产费用为:直接材料 56 500 元,直接人工 10 900 元,制造费用 15 100 元,合计 82 500 元。

根据以上资料,编制产品成本明细账如图表 4-4 所示。

图表 4-4

产品成本明细账

××年 10 月

产品名称:丁产品

完工产品产量 5 500 千克

月末在产品数量 1 500 千克

成本项目	直接材料	直接人工	制造费用	合计
月初在产品成本	24 000	8 700	6 600	39 300
本月生产费用	56 500	10 900	15 100	82 500
生产费用合计	80 500	19 600	21 700	121 800
完工产品成本	63 250	15 400	17 050	95 700
完工产品单位成本	11.5	2.8	3.1	17.4
月末在产品成本	17 250	4 200	4 650	26 100

上表中,各项费用分配计算如下:

直接材料费用分配率 $= \dfrac{80\ 500}{5\ 500 + 1\ 500} = 11.5$(元/千克)

完工产品应分配直接材料费用 $= 5\ 500 \times 11.5 = 63\ 250$(元)

月末在产品应分配直接材料费用 $= 1\ 500 \times 11.5 = 17\ 250$(元)

$$直接人工费用分配率=\frac{19\,600}{5\,500+1\,500}=2.8(元/千克)$$

完工产品应分配直接人工费用=$5\,500\times2.8=15\,400$(元)

月末在产品应分配直接人工费用=$1\,500\times2.8=4\,200$(元)

$$制造费用分配率=\frac{21\,700}{5\,500+1\,500}=3.1(元/千克)$$

完工产品应分配制造费用=$5\,500\times3.1=17\,050$(元)

月末在产品应分配制造费用=$1\,500\times3.1=4\,650$(元)

上例中,由于在产品已基本完工,只是尚未包装入库,1千克在产品应负担的费用事实上已经与1千克完工产品负担的费用十分接近,因此,直接材料、直接人工、制造费用各成本项目的费用都按完工产品产量5 500千克和月末在产品数量1 500千克的比例分配。

在产品按完工产品成本计价法适用于月末在产品已经接近完工,或者已经加工完毕但尚未包装或尚未验收入库的产品。这种方法的特点是单位在产品所应负担的各项费用与单位完工产品所负担的各项费用完全相同。

前述四种方法是生产费用在完工产品与在产品之间分配的简单方法,下面介绍三种主要方法。

五、约当产量比例法

约当产量比例法是指先将月末在产品数量按照在产品完工程度(或完工率)折算成相当于完工产品的产量,如:在产品100件,完工率40%,则$100\times40\%=40$件,这个产量就称为在产品约当产量,然后按照完工产品产量与在产品约当产量的比例分配生产费用。

约当产量比例法分配程序及公式如下:

第一步,计算月末在产品约当产量:

月末在产品约当产量=月末在产品数量×完工程度(完工率)

第二步,计算费用分配率:

$$某项费用分配率=\frac{某项生产费用总额}{完工产品产量+月末在产品约当产量}$$

第三步,计算完工产品与月末在产品成本:

完工产品应分配某项费用=完工产品产量×某项费用分配率

月末在产品应分配某项费用=月末在产品约当产量×某项费用分配率

[**例4-6**] 假定10月份生产甲产品,完工产品产量180件,月末在产品数量50件,完工程度70%,月初在产品制造费用9 800元,本月发生制造费用37 285元。

则制造费用在完工产品与月末在产品之间分配计算如下:

月末在产品约当产量=$50\times70\%=35$(件)

$$制造费用分配率=\frac{9\,800+37\,285}{180+35}=219(元/件)$$

完工产品应分配制造费用＝180×219＝39 420(元)

月末在产品应分配制造费用＝35×219＝7 665(元)

直接人工费用的分配方法与上述制造费用的分配方法相同。

约当产量比例法适用于月末在产品数量较大,各月末在产品数量变化也较大,产品成本中直接材料、直接人工、制造费用比重相差不大的产品。这种方法的特点是必须正确计算在产品的完工程度。下面介绍几种常用的计算方法。

(一) 分配直接人工费、制造费用等加工费用时在产品完工程度的计算

分配加工费用时,在产品完工程度的测定,一般有两种方法:一是平均计算,二是分工序分别计算。

1. 平均计算

平均计算即一律按50%作为各工序在产品的完工程度。

因为直接人工、制造费用作为加工费用,一般在生产过程中是均匀投入的,前面工序完工程度低,只有10%、20%或30%,后面工序完工程度高,达到70%、80%,甚至90%,后面多加工的百分比可以抵补前面少加工的百分比,为了简化起见,全部在产品的完工率一律按平均数50%计算。

2. 分工序分别计算

分工序分别计算,即根据各工序的累计工时定额占完工产品工时定额的比率计算各工序在产品的完工率。

[例 4-7]　假定甲产品的工时定额为30小时,分三道工序加工,第一道工序加工工时定额为12小时,第二道工序加工工时定额也为12小时,第三道工序装配工时定额为6小时。

则各道工序完工率的计算分析过程如下:

第一道工序加工工时定额为12小时,但对第一道工序的在产品来说,有的可能刚刚开始加工,比如加工了1、2个小时,有的可能加工快结束了,比如加工了10、11个小时,有的可能加工到一半,比如6个小时。为了简化起见,一律按加工了50%计算,即12×50%＝6小时。对完工产品来讲,一共需要加工30小时,则:

第一道工序在产品完工率＝$\frac{12 \times 50\%}{30} \times 100\% = 20\%$

第二道工序加工工时定额也是12个小时,但对第二道工序的在产品来讲,第一道工序的12个小时已经全部完工了,否则不可能转到第二道工序继续加工,而对第二道工序的在产品来讲,有的可能刚刚开始加工,有的可能加工快结束了,有的可能加工到一半。同样为了简化起见,一律按加工了50%计算,则:

第二道工序在产品完工率＝$\frac{12 + 12 \times 50\%}{30} \times 100\% = 60\%$

第三道工序加工工时定额为6小时,但对第三道工序的在产品来讲,第一、第二两道工序的累计工时24小时已经全部完工,否则也不可能转到第三道工序继续加工,而第三道工序的在产品,与前述两道工序道理一样,按加工了50%计算,则:

成本会计

$$第三道工序在产品完工率 = \frac{12+12+6\times50\%}{30}\times100\% = 90\%$$

上述计算过程可用下列公式概括如下：

$$某道工序在产品完工率 = \frac{前面各道工序工时定额之和+本工序工时定额\times50\%}{完工产品工时定额}\times100\%$$

根据各工序的月末在产品数量和各工序完工率，可计算出各工序在产品的约当产量和总约当产量，并可据以分配直接人工和制造费用等。

[例 4-8]　假定第一道工序在产品数量为 250 件，第二道工序在产品数量为 220 件，第三道工序在产品数量为 240 件。各道工序完工率按[例 4-7]分别为 20％、60％、90％。

计算过程如下：

第一道工序在产品约当产量＝250×20％＝50（件）

第二道工序在产品约当产量＝220×60％＝132（件）

第三道工序在产品约当产量＝240×<u>90％＝216（件）</u>
　　　　总约当产量　　　　　　　398（件）

[例 4-9]　再假定某工业制造企业直接人工费用合计为 88 182 元（期初在产品 36 728元，本月生产费用 51 454 元）。完工产品产量 880 件。则直接人工费用分配计算过程如下：

$$直接人工费用分配率 = \frac{88\ 182}{880+398} = 69（元/件）$$

完工产品应分配直接人工费用＝880×69＝60 720（元）

月末在产品应分配直接人工费用＝398×69＝27 462（元）

小练习 4-1

某产品经三道工序加工完成，完工产品工时定额为 40 小时，其中：第一道工序 15小时，第二道工序 20 小时，第三道工序 5 小时。

计算各道工序在产品完工率。

（二）分配直接材料费用时在产品完工程度的计算

分配原材料费用时，在产品完工程度的测定，必须根据原材料投料方式的不同分别计算确定，一般有以下两种情况。

1. 原材料在生产开始时一次投入

这是指生产产品所需耗用的全部材料都在生产开始时一次全部投入，以后的生产过程只是对原材料进行加工，不需要再投材料。

在这种情况下，单位在产品所应负担的原材料费用与单位完工产品所应负担的原材料费用是相等的，直接材料费用应按完工产品产量和在产品数量比例分配。

[例 4-10]　假定某企业生产甲产品，原材料系生产开始时一次投入，本月完工 550 件，月

末在产品 250 件,完工率 60%,应分配的直接材料费用为 44 800 元。

直接材料费用分配计算过程如下:

$$直接材料费用分配率 = \frac{44\ 800}{550 + 250} = 56(元/件)$$

完工产品应分配直接材料费用 = 550 × 56 = 30 800(元)

月末在产品应分配直接材料费用 = 250 × 56 = 14 000(元)

上例在产品完工率 60%,但由于原材料是在生产开始时一次全部投入的,所以按照完工产品产量 550 件与在产品数量 250 件的比例分配,分配时不考虑完工率是多少。

2. 原材料随着生产进度陆续投入

这是指产品生产所耗用的原材料与加工费用一样,是随着加工进程逐步投入的。

在这种情况下,直接材料费用的分配与加工费用的分配一样,按照完工产品产量与月末在产品约当产量比例分配。

[例 4-11] 仍以[例 4-10]资料为例,但原材料投料方式改为随着生产进度陆续投入。

直接材料费用分配计算过程如下:

在产品约当产量 = 250 × 60% = 150(件)

$$直接材料费用分配率 = \frac{44\ 800}{550 + 150} = 64(元/件)$$

完工产品应分配直接材料费用 = 550 × 64 = 35 200(元)

月末在产品应分配直接材料费用 = 150 × 64 = 9 600(元)

[例 4-12] 假定某企业甲产品分三道工序加工,本月完工产品 360 件。原材料在生产开始时一次投入。月初在产品成本为:直接材料 28 800 元,直接人工 4 568 元,制造费用 3 892 元。本月(10 月份)生产费用为:直接人工费用 6 223 元,制造费用 5 918 元。各道工序内在产品加工程度均按 50% 计算,各工序有关资料及计算结果见图表 4-5。

图表 4-5

各道工序完工程度及约当产量计算表

生产工序	工时定额	完工程度(%)	月末在产品数量	在产品约当产量
1	12	$\frac{12 \times 50\%}{24} \times 100\% = 25\%$	60(件)	15
2	6	$\frac{12 + 6 \times 50\%}{24} \times 100\% = 62.5\%$	84	52.5
3	6	$\frac{12 + 6 + 6 \times 50\%}{24} \times 100\% = 87.5\%$	72	63
合计	24		216	130.5

根据以上资料,编制产品成本明细账如图表 4-6 所示。

产品成本明细账

××年 10 月　　完工产品产量 360 件

产品名称：甲产品

月末在产品数量 216 件，约当产量 130.5 件

成本项目	直接材料	直接人工	制造费用	合　计
月初在产品成本	28 800	4 568	3 892	37 260
本月生产费用		6 223	5 918	12 141
生产费用合计	28 800	10 791	9 810	49 401
完工产品成本	18 000	7 920	7 200	33 120
完工产品单位成本	50	22	20	92
月末在产品成本	10 800	2 871	2 610	16 281

上表中，直接材料费用分配计算过程如下：

$$直接材料费用分配率 = \frac{28\ 800}{360 + 216} = 50（元/件）$$

完工产品应分配直接材料费用 = 360 × 50 = 18 000（元）

月末在产品应分配直接材料费用 = 216 × 50 = 10 800（元）

$$直接人工费用分配率 = \frac{10\ 791}{360 + 130.5} = 22（元/件）$$

完工产品应分配直接人工费用 = 360 × 22 = 7 920（元）

月末在产品应分配直接人工费用 = 130.5 × 22 = 2 871（元）

$$制造费用分配率 = \frac{9\ 810}{360 + 130.5} = 20（元/件）$$

完工产品应分配制造费用 = 360 × 20 = 7 200（元）

月末在产品应分配制造费用 = 130.5 × 20 = 2 610（元）

计算完工产品成本和月末在产品成本如下：

完工产品成本 = 18 000 + 7 920 + 7 200 = 33 120（元）

月末在产品成本 = 10 800 + 2 871 + 2 610 = 16 281（元）

小练习 4-2

甲产品本月完工 1 500 件，月末在产品 500 件，完工程度 60%。月初在产品成本和本月生产费用合计为：直接材料 40 500 元，直接人工 18 900 元，制造费用 14 400 元。原材料在生产开始时一次投入。

采用约当产量比例法分配完工产品成本和月末在产品成本。

六、在产品按定额成本计价法

在产品按定额成本计价法是指按照预先制定的定额，先计算确定月末在产品的定额成

本,然后倒挤出完工产品成本。其分配程序及计算公式为:

第一步,计算月末在产品定额成本:

$$月末在产品成本 = \begin{matrix} 月末在产品数量 \\ (或定额工时) \end{matrix} \times \begin{matrix} 在产品单位定额成本 \\ (或每小时费用定额) \end{matrix}$$

第二步,运用四者之间的关系算出完工产品成本:

$$完工产品成本 = 月初在产品成本 + 本月生产费用 - 月末在产品成本$$

[例 4-13] 假定某工业制造企业乙产品所耗原材料在生产开始时一次投入,单位产品材料费用定额为 90 元,月末在产品 300 件,月末在产品定额工时共计 1 600 小时,每小时费用定额为:直接人工 2.3 元,制造费用 4.1 元。月初在产品成本为:直接材料 59 360 元,直接人工 10 200 元,制造费用 9 340 元;本月生产费用为:直接人工 8 550 元,制造费用 6 350 元。本月完工产品 500 件。

根据以上资料,编制产品成本明细账如图表 4-7 所示。

图表 4-7

产品成本明细账

产品名称:乙产品   单位:元

成本项目	直接材料	直接人工	制造费用	合 计
月初在产品成本	59 360	10 200	9 340	78 900
本月生产费用		8 550	6 350	14 900
生产费用合计	59 360	18 750	15 690	93 800
完工产品成本	32 360	15 070	9 130	56 560
完工产品单位成本	64.72	30.14	18.26	113.12
月末在产品成本	27 000	3 680	6 560	37 240

月末在产品定额成本的计算:

直接材料 $\begin{cases} 一次投料:在产品数量 \times 单位产品原材料定额费用 \\ 陆续投料:在产品数量 \times 完工率 \times 单位产品原材料定额费用 \end{cases}$

注:单位产品原材料定额费用 = 单位产品材料定额消耗量 × 材料计划单价

直接人工:在产品数量 × 完工率 × 单位产品工时定额 × 每小时直接人工费用

制造费用:在产品数量 × 完工率 × 单位产品工时定额 × 每小时制造费用

表中,月末在产品定额成本计算过程如下:

直接材料费用: 300×90＝27 000(元)

直接人工费用:1 600×2.3＝3 680(元)

制造费用: 1 600 ×4.1＝6 560(元)

合计 37 240(元)

完工产品成本计算过程如下:

成本会计

直接材料费用：59 360－27 000＝32 360(元)

直接人工费用：18 750－3 680＝15 070(元)

制造费用：　　15 690－6 560＝9 130(元)

合计　56 560(元)

由于完工产品成本等于生产费用合计减去月末在产品定额成本，因此，月末在产品定额成本与实际成本之间的差异，无论是节约还是超支，都由本月完工产品成本负担。

在产品按定额成本计价法适用于定额管理基础较好，能够制定比较准确、稳定的消耗定额或费用定额，并且月末在产品数量变动不大的产品，否则会影响产品成本计算的正确性。这种方法的特点是先计算月末在产品定额成本，然后倒挤出完工产品成本。

如果产品成本中原材料费用所占比重较大，为了进一步简化成本计算工作，月末在产品成本可以只按定额原材料费用计价，而实际发生的人工费用和制造费用都由完工产品成本负担。即将在产品按定额成本计价法与在产品按所耗原材料费用计价法两种方法结合起来。

[例 4-14]　假定某企业甲产品成本中原材料费用所占比重很大，月末在产品按其所耗定额原材料费用计价。月初在产品定额直接材料费用 3 600 元，本月生产费用为：直接材料 24 400 元，直接人工 3 960 元，制造费用 7 200 元。本月完工产品 540 件，月末在产品 300 件，完工程度 45％。单位产品材料费用定额为 44 元。原材料随着生产进度逐步投料。

根据以上资料，计算月末在产品成本定额成本如下：

月末在产品定额原材料费用＝300×45％×44＝5 940(元)

完工产品直接材料费用＝3 600＋24 400－5 940＝22 060(元)

完工产品成本＝22 060＋3 960＋7 200＝33 220(元)

以上由于原材料是逐步投料，故计算月末在产品定额原材料费用时，应将在产品数量折合成相当于完工产品产量即约当产量，再乘以单位产品定额原材料费用。

> **小思考 4-3**
> 　采用在产品按定额成本计价法，月末在产品定额成本与实际成本之间的差异由谁负担？

七、定额比例法

定额比例法是指按照完工产品和月末在产品的定额比例分配各项费用，计算完工产品成本和月末在产品成本。其中：直接材料费用按照直接材料定额消耗量或定额费用比例分配；加工费用按定额工时比例分配。

其计算公式如下：

$$直接材料费用分配率＝\frac{月初在产品直接材料费用＋本月发生直接材料费用}{完工产品直接材料定额消耗量（或定额费用）＋月末在产品直接材料定额消耗量（或定额费用）}$$

$$\begin{array}{l}完工产品应分配\\直接材料费用\end{array}＝\begin{array}{l}完工产品直接\\材料定额消耗量\\（或定额费用）\end{array}×\begin{array}{l}直接材料\\费用分配率\end{array}$$

$$月末在产品应分配\atop直接材料费用 = {月末在产品直接\atop 材料定额消耗量}\times{直接材料\atop 费用分配率}\atop(或定额费用)$$

$${直接人工费用分配率\atop(或制造费用)} = \frac{月初在产品直接人工费用（或制造费用）+本月发生直接人工费用（或制造费用）}{完工产品定额工时+月末在产品定额工时}$$

$${完工产品应分配直接人工费用\atop(或制造费用)} = {完工产品\atop 定额工时}\times{直接人工费用\atop(或制造费用)分配率}$$

$${月末在产品应分配直接人工费用\atop(或制造费用)} = {月末在产品\atop 定额工时}\times{直接人工费用\atop(或制造费用)分配率}$$

[**例4-15**] 假定某工业制造企业丙产品月初在产品费用为：直接材料3 850元，直接人工1 650元，制造费用1 100元；本月（10月份）生产费用为：直接材料22 550元，直接人工8 250元，制造费用5 500元。完工产品直接材料定额费用22 000元，定额工时13 750小时。月末在产品直接材料定额费用5 500元，定额工时2 750小时。

根据以上资料，编制产品成本明细账如图表4-8所示。

图表4-8

产品成本明细账

产品名称：丙产品 　　　　　　　　　　　　××年10月 　　　　　　　　　　　　单位：元

成本项目		直接材料	直接人工	制造费用	合　计
月初在产品成本		3 850	1 650	1 100	6 600
本月生产费用		22 550	8 250	5 500	36 300
生产费用合计		26 400	9 900	6 600	42 900
费用分配率		0.96	0.6	0.4	
完工产品成本	定额	22 000	13 750	13 750	
	实际	21 120	8 250	5 500	34 870
月末在产品成本	定额	5 500	2 750	2 750	
	实际	5 280	1 650	1 100	8 030

上表中，直接材料费用分配计算过程如下：

$$直接材料费用分配率 = \frac{26\,400}{22\,000+5\,500} = 0.96$$

完工产品应分配直接材料费用 = 22 000×0.96 = 21 120（元）

月末在产品应分配直接材料费用 = 5 500×0.96 = 5 280（元）

$$直接人工费用分配率 = \frac{9\,900}{13\,750+2\,750} = 0.6（元/小时）$$

完工产品应分配直接人工费用 = 13 750×0.6 = 8 250（元）

月末在产品应分配直接人工费用＝2 750×0.6＝1 650(元)

制造费用分配率＝$\frac{6\ 600}{13\ 750+2\ 750}$＝0.4(元/小时)

完工产品应分配制造费用＝13 750×0.4＝5 500(元)

月末在产品应分配制造费用＝2 750×0.4＝1 100(元)

完工产品成本＝21 120＋8 250＋5 500＝34 870(元)

月末在产品成本＝5 280＋1 650＋1 100＝8 030(元)

上述资料中,完工产品直接材料费用和定额工时,月末在产品直接材料费用和定额工时是直接给出的,但有时候要根据所给资料计算。

例如,假定[例4-18]中完工产品产量2 000件,单件产品直接材料定额费用11元,单位产品定额工时6.875小时,月末在产品500件,完工程度80％,原材料在生产开始时一次投入。

则完工产品与月末在产品直接材料定额费用和定额工时计算过程如下:

完工产品直接材料定额费用＝2 000×11＝22 000(元)

月末在产品直接材料定额费用＝500×11＝5 500(元)

完工产品定额工时＝2 000×6.875＝13 750(小时)

月末在产品定额工时＝500×80％×6.875＝2 750(小时)

定额比例法适用于定额管理基础比较好,能够制定比较准确、稳定的消耗定额或费用定额,但各月末在产品数量变动较大的产品,这种方法的特点是按完工产品和月末在产品定额比例同时计算出完工产品成本和月末在产品成本。

至此,生产费用在完工产品与在产品之间纵向分配的核算也已结束,在完工产品成本计算出来以后,应将其成本从"生产成本——基本生产成本"账户的贷方转入"库存商品"账户的借方,"生产成本——基本生产成本"账户的月末余额,即为基本生产车间在产品的成本。

第五章 工业制造企业产品成本计算方法概述

【学习目标】

通过本章学习，明确工业制造企业生产类型，包括生产组织方式和生产工艺过程，理解生产类型和管理要求对产品成本计算方法的影响。知晓产品成本计算方法有基本方法和辅助方法，熟悉三种基本方法的成本计算对象和适用性。

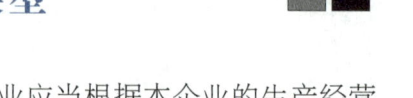

第一节　工业制造企业生产的主要类型

第二章第一节"工业制造企业成本核算的要求"指出,企业应当根据本企业的生产经营特点和管理要求,确定适合本企业的成本核算对象、成本项目和成本计算方法。生产特点包括生产组织方式的特点和生产工艺过程的特点。

一、工业制造企业的生产组织方式

工业制造企业的生产,按照生产组织方式,可以分为大量生产、成批生产和单件生产三种类型。

① 大量生产　是指每年连续不断地大量重复生产一种或几种产品的生产,例如冶金、纺织、水泥、化肥、面粉、食糖等工业生产。

② 成批生产　是指按照预定的产品批别和数量进行的生产,例如机械制造、服装等工业生产。成批生产按照产品批量的大小,可分为大批生产和小批生产两种。

大批生产往往在几个月内连续不断地大批重复生产一种或几种产品,其性质接近于大量生产。

小批生产则生产产品的批量小,一批产品往往可以同时完工,其性质接近于单件生产。

③ 单件生产　是指按照购买单位的要求进行单个的、特殊要求产品的生产,例如船舶制造或重型设备、专用设备的制造等工业生产。

二、工业制造企业的生产工艺过程

工业制造企业的生产,按照生产工艺过程,可以分为单步骤生产和多步骤生产两种类型。

① 单步骤生产　是指加工工艺过程不能间断或不便于分散在几个地点进行加工制作的生产,例如发电、采掘、某些食品加工等工业生产。

② 多步骤生产　是指加工工艺过程可以间断或可以分散在不同地点进行的产品生产,例如冶金、纺织、机械制造等工业的生产。

工业制造企业生产的主要类型可用图表 5-1 表示如下。

图表 5-1

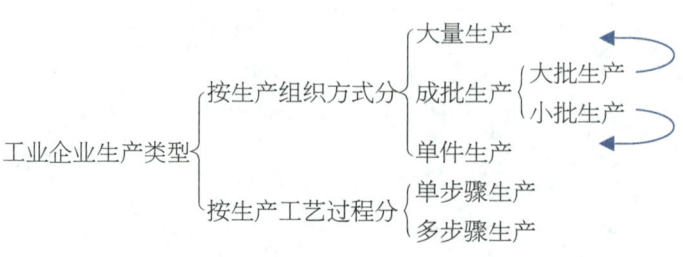

第二节　生产类型和管理要求对产品成本计算方法的影响

　　计算产品成本的一个重要目的是为成本管理提供资料,满足成本管理对于成本资料的需求,而产品成本是在生产过程中形成的,成本管理需要哪些资料,在很大程度上受生产特点的影响。因此,工业企业在计算产品成本时,应根据生产类型特点和管理要求来确定具体的成本计算方法。

　　生产类型和管理要求对产品成本计算方法的影响,主要表现在对产品成本计算对象的确定上。产品成本计算对象主要有产品的品种、产品的批别和产品的生产步骤。

一、生产组织方式和管理要求对产品成本计算方法的影响

　　在大量大批生产方式下,生产产品的数量或批量较大,生产的产品品种比较稳定,一般要求以产品品种作为成本计算对象,按产品品种归集生产费用,计算产品成本。

　　在小批单件生产方式下,生产产品的批量较小,且一批产品往往可同时完工,或只生产单件产品,一般要求以产品批别作为成本计算对象,按产品批别归集生产费用,计算产品成本。

二、生产工艺过程和管理要求对产品成本计算方法的影响

　　单步骤生产由于生产加工工艺过程不能间断,因而不可能也不需要将生产工艺过程划分为几个生产步骤,无法按照生产步骤计算产品成本,一般只要求以产品品种作为成本计算对象,按产品品种归集生产费用,计算产品成本。

　　多步骤生产则由于生产加工工艺过程可以间断,并且可以分散在不同地点进行,由各个不同的生产步骤分别加工制造,共同完成产品的生产过程,因此一般要求以产品的生产步骤以及步骤间的产品品种归集生产费用,计算产品成本。

第三节　产品成本计算的基本方法和辅助方法

　　由于生产类型和管理要求对产品成本计算方法的影响主要表现在对成本计算对象的确定上,因而产生了产品成本计算的三种基本方法。

一、产品成本计算的基本方法

　　① 品种法(varietal method)　是指以产品品种作为成本计算对象的产品成本计算方法,它主要适用于大量大批生产组织方式和单步骤生产工艺过程,以及管理上不要求分步骤计算产品成本的多步骤生产工艺过程。

成本会计

② 分批法(job lot method)　是指以产品批别或件别作为成本计算对象的产品成本计算方法,它主要适用于小批单件生产组织方式和单步骤生产工艺过程,以及管理上不要求分步骤计算产品成本的多步骤生产工艺过程。

③ 分步法(fractional steps method)　是以产品生产步骤作为成本计算对象的产品成本计算方法,它主要适用于大量大批生产组织方式和管理上要求分步骤计算产品成本的多步骤生产工艺过程。

以上三种产品成本计算基本方法的成本计算对象和适用性可归纳为如图表 5-2 所示。

图表 5-2

产品成本计算的基本方法	成本计算对象	生产组织方式	生产工艺过程
品种法	产品品种	大量大批生产	单步骤生产及不要求分步计算产品成本的多步骤生产
分批法	产品批别或件别	小批单件生产	单步骤生产及不要求分步计算产品成本的多步骤生产
分步法	产品生产步骤	大量大批生产	要求分步计算产品成本的多步骤生产

品种法、分批法、分步法是产品成本计算的三种基本方法,它们与产品成本计算对象有密切关系。除此之外,实际工作中还采用了两种成本计算的辅助方法。

小思考 5-1

大量大批多步骤生产但管理上不要求分步骤计算成本的企业采用什么成本计算方法?

二、产品成本计算的辅助方法

① 分类法　是指按照产品类别归集生产费用、计算产品成本,对于不同品种产品,采用一定的分配标准分配成本的方法,它主要适用于产品品种、规格、型号繁多,但可以按一定标准分类的产品生产。

分类法与生产类型无直接关系,它可以在各种类型的生产中应用。

② 定额法　是指按照预先制定的产品定额成本作为标准,在生产费用发生的当时,就将符合定额的费用和脱离定额的差异分别核算,并在定额成本的基础上加减各种差异,计算产品实际成本的方法,它主要适用于定额管理基础较好,能够制定比较准确、稳定的消耗定额的产品生产。

定额法与生产类型也无直接关系,无论哪种生产类型,只要定额管理制度比较健全,定额管理工作的基础比较好,且产品的生产已经定型,都可以采用定额法计算产品成本。

以上两种产品成本计算的辅助方法,由于与产品成本计算对象都没有密切关系,因而可以在各种类型的生产中应用。

下面两章将分别讲述产品成本计算的基本方法和辅助方法。

小思考 5-2

分类法和定额法与生产类型有无关系?

第六章　工业制造企业产品成本计算的基本方法

【学习目标】

通过本章学习，理解产品成本计算品种法、分批法、分步法的概念，以及适用范围、特点和具体的计算程序，熟练掌握各种方法的费用分配和归集，以及相应的账务处理。

第一节　产品成本计算的品种法

一、品种法的概念和适用范围

产品成本计算的品种法，是按照产品品种归集生产费用、计算产品成本的一种方法。

品种法主要适用于大量、大批单步骤生产，例如发电、供水、供气、水泥、铸造、采掘等生产企业。

二、品种法的特点

品种法的特点，主要表现在以下三个方面：

第一，成本计算对象为产品品种。

生产一种产品的企业或车间，计算产品成本时，只需要开设一个产品成本明细账，发生的全部生产费用都是为了生产该种产品而发生的，因而都是直接计入费用，可以直接计入该种产品成本。

生产多种产品的企业或车间，则要按照产品品种分别开设产品成本明细账，发生的生产费用中，分得清楚是哪种产品耗用的，直接计入该种产品成本；分不清楚是哪种产品耗用的，则要采用适当的分配方法，在各种产品之间进行横向分配，然后计入各种产品成本。

第二，定期在月末进行成本计算。

在大量、大批单步骤生产企业中，由于是重复不断地生产一种或几种产品，不可能在产品制造完工时立即计算它的成本，只能定期在月末计算，这样，成本计算期与会计报告期一致，与生产周期不一致。

第三，一般需要将生产费用在完工产品与在产品之间进行纵向分配。

在月末计算产品成本时，会出现以下两种情况：

一是月末没有在产品，或在产品数量很少。在这种情况下不需要计算月末在产品成本，产品成本明细账中按成本项目归集的生产费用，全部都是该种产品的产成品成本，除以产成品产量，就是该种产成品的单位成本。

二是月末有在产品，而且数量较多。在这种情况下需要将产品成本明细账中归集的生产费用，采用适当的分配方法，在完工产品和月末在产品之间进行分配。

三、品种法的计算程序和账务处理举例

由于品种法的成本计算对象是产品的品种，而按照产品品种计算成本是产品成本计算的最基本要求，所以品种法是最基本的成本计算方法。品种法的计算程序，体现了工业制造企业成本核算的一般程序，即正确划分各种费用界限的五个方面。

品种法的核算程序具体可表述为：

① 按照产品品种开设产品成本明细账。

② 根据发生的经济业务编制会计分录,并按产品品种归集生产费用,登记产品成本明细账。

③ 将生产费用合计在完工产品与在产品之间进行分配,计算完工产品成本和月末在产品费用。

为了对品种法有一个全面的了解,下面将举例说明如何进行品种法下各种费用的归集、分配和账务处理,以及怎样登记产品成本明细账,以便直观、完整、系统地掌握品种法的特点,理解产品成本计算的最基本的理论和方法。

[例6-1] 某工业制造企业有一个基本生产车间和一个辅助生产车间,基本生产车间生产甲、乙两种产品,采用品种法计算产品成本。辅助生产车间是一个机修车间,为基本生产车间和行政管理部门提供修理劳务。

(1) 10 月份生产车间发生的有关经济业务如下:

1) 生产产品领用材料

基本生产车间为生产甲产品领用 A 材料 96 000 元,生产乙产品领用 B 材料 144 000 元,生产甲、乙两种产品共同耗用 C 材料 192 000 元(按甲、乙两种产品的定额消耗量比例进行分配,甲产品的定额消耗量为 19 200 千克,乙产品的定额消耗量为 4 800 千克)。

2) 车间一般消耗材料

基本生产车间领用的一般消耗性材料 56 640 元,辅助生产车间领用的一般消耗性材料 57 600 元,共计 114 240 元。

3) 分配工资

基本生产车间生产工人工资 218 880 元(按甲、乙两种产品耗用的生产工时比例进行分配,甲产品的生产工时为 28 800 小时,乙产品的生产工时为 9 600 小时),基本生产车间管理人员工资 43 776 元;辅助生产车间生产工人及管理人员工资共 82 080 元;行政管理人员工资 93 024 元,共计 437 760 元。

4) 计提折旧费

基本生产车间月初在用固定资产原值 960 000 元,月末在用固定资产原值 1 152 000 元;辅助生产车间月初、月末在用固定资产原值均为 384 000 元,按月折旧率 1% 计提折旧。

5) 其他支出

基本生产车间发生其他支出 43 584 元,辅助生产车间发生其他支出 29 280 元,共计 72 864 元,均通过银行办理转账结算。

(2) 10 月份辅助生产车间(机修车间)共提供劳务 43 200 小时,其中:为基本生产车间提供 38 400 小时,为行政管理部门提供 4 800 小时,辅助生产费用按受益原则进行分配。

(3) 基本生产车间的制造费用按生产工时比例在甲、乙产品之间进行分配。

(4) 甲产品的原材料在生产开始时一次投入,直接材料费用按完工产品和月末在产品的数量比例进行分配,直接人工费用和制造费用采用约当产量比例法进行分配。

甲产品本月完工产品 4 800 件,月末在产品 1 920 件,完工率为 40%。

乙产品各月在产品数量变化不大,生产费用在完工产品与在产品之间的分配采用在产品按固定成本计价法。

甲、乙两种产品月初在产品成本资料见表6-1、6-2产品成本明细账。

(5)各项费用分配情况如下:

1)生产产品耗用材料费用分配

生产甲产品领用A材料96 000元,生产乙产品领用B材料144 000元,由于分得清是哪种产品耗用的,因此属于直接计入费用,可以直接计入甲、乙产品成本。生产甲、乙产品共同耗用的C材料192 000元,一下子无法分清是哪种产品耗用的,属于间接计入费用,需要按甲、乙两种产品的材料定额耗用量比例进行分配。计算过程如下:

$$C材料费用分配率=\frac{192\,000}{19\,200+4\,800}=8(元/千克)$$

甲产品应分配的材料费用$=19\,200\times8=153\,600(元)$

乙产品应分配的材料费用$=4\,800\times8=38\,400(元)$

加上甲、乙产品各自领用的材料费用分别为:

甲产品:$96\,000+153\,600=249\,600(元)$

乙产品:$144\,000+38\,400=182\,400(元)$

编制会计分录如下:

借:生产成本——基本生产成本——甲产品(直接材料)　249 600

　　　　　　　　　　　　——乙产品(直接材料)　182 400

　　贷:原材料　　　　　　　　　　　　　　　　432 000

2)车间一般消耗材料

编制会计分录如下:

借:制造费用　　　　　　　　　　　56 640

　　生产成本——辅助生产成本　　　57 600

　　贷:原材料　　　　　114 240

3)工资费用分配

生产车间生产工人工资218 880元,由于生产车间生产甲、乙两种产品,属于间接计入费用,需要按甲、乙两种产品的生产工时比例进行分配。计算过程如下:

$$工资费用分配率=\frac{218\,880}{28\,800+9\,600}=5.75(元/小时)$$

甲产品应分配的工资费用$=28\,800\times5.75=164\,160(元)$

乙产品应分配的工资费用$=9\,600\times5.75=54\,720(元)$

编制会计分录如下:

借:生产成本——基本生产成本——甲产品(直接人工)　164 160

　　　　　　　　　　　　——乙产品(直接人工)　54 720

　　制造费用　　　　　　　　　　　43 776

　　生产成本——辅助生产成本　　　82 080

　　管理费用　　　　　　　　　　　93 024

　　贷:应付职工薪酬——工资薪酬　　　　　　　437 760

4）计提折旧

基本生产车间月折旧额＝960 000×1‰＝9 600（元）

辅助生产车间月折旧额＝384 000×1‰＝3 840（元）

编制会计分录如下：

  借：制造费用   9 600

    生产成本——辅助生产成本 3 840

    贷：累计折旧   13 440

 5）其他支出

其他支出按费用的发生部门或地点归集。

编制会计分录如下：

  借：制造费用   43 584

    生产成本——辅助生产成本 29 280

    贷：银行存款   72 864

（6）辅助生产费用分配如下：

由于该企业只有一个辅助生产车间，直接将发生的辅助生产费用分配给各受益部门。

计算过程如下：

  辅助生产费用＝57 600＋82 080＋3 840＋29 280＝172 800（元）

$$辅助生产费用分配率＝\frac{172\,800}{38\,400＋4\,800}＝4（元/小时）$$

  基本生产车间应分配＝38 400×4＝153 600（元）

  行政管理部门应分配＝4 800×4＝19 200（元）

编制会计分录如下：

  借：制造费用   153 600

    管理费用   19 200

    贷：生产成本——辅助生产成本 172 800

（7）基本生产车间制造费用分配如下：

基本生产车间由于生产甲、乙两种产品，制造费用按甲、乙产品的生产工时比例分配。

计算过程如下：

  制造费用＝56 640＋43 776＋9 600＋43 584＋153 600＝307 200（元）

$$制造费用分配率＝\frac{307\,200}{28\,800＋9\,600}＝8（元/小时）$$

  甲产品应分配制造费用＝28 800×8＝230 400（元）

  乙产品应分配制造费用＝9 600×8＝76 800（元）

编制会计分录如下：

  借：生产成本——基本生产成本——甲产品（制造费用） 230 400

           ——乙产品（制造费用） 76 800

    贷：制造费用   307 200

（8）计算、填列产品成本明细账如图表 6-1、6-2 所示。

成
本
会
计

图表 6-1

产品成本明细账

产品名称：甲

完工产品产量 4 800 件

月末在产品数量 1 920 件，完工率 40%

项　目	直接材料	直接人工	制造费用	合　计
月初在产品成本	153 600	114 240	159 360	427 200
本月生产费用	249 600	164 160	230 400	644 160
生产费用合计	403 200	278 400	389 760	1 071 360
分配率	60	50	70	
完工产品成本	288 000	240 000	336 000	864 000
完工产品单位成本	60	50	70	180
月末在产品成本	115 200	38 400	53 760	207 360

月末在产品约当产量＝1 920×40%＝768（件）

直接材料分配率＝$\dfrac{403\ 200}{4\ 800+1\ 920}$＝60（元/件）

完工产品应分配直接材料费用＝4 800×60＝288 000（元）

月末在产品应分配直接材料费用＝1 920×60＝115 200（元）

直接人工分配率＝$\dfrac{278\ 400}{4\ 800+768}$＝50（元/件）

完工产品应分配直接人工费用＝4 800×50＝240 000（元）

月末在产品应分配直接人工费用＝768×50＝38 400（元）

制造费用分配率＝$\dfrac{389\ 760}{4\ 800+768}$＝70（元/件）

完工产品应分配制造费用＝4 800×70＝336 000（元）

月末在产品应分配制造费用＝768×70＝53 760（元）

甲产品完工产品成本＝288 000＋240 000＋336 000＝864 000（元）

甲产品月末在产品成本＝115 200＋38 400＋53 760＝207 360（元）

图表 6-2

产品成本明细账

产品名称：乙

完工产品数量 800 件

项　目	直接材料	直接人工	制造费用	合　计
月初在产品成本	91 200	33 600	48 000	172 800
本月生产费用	182 400	54 720	76 800	313 920
生产费用合计	273 600	88 320	124 800	486 720
完工产品成本	182 400	54 720	76 800	313 920
完工产品单位成本	228	68.4	96	392.4
月末在产品成本	91 200	33 600	48 000	172 800

(9)结转产成品成本:

编制会计分录如下:

借:库存商品——甲产品　　　　　　　　　　864 000
　　　　　　　——乙产品　　　　　　　　　　313 920
　　贷:生产成本——基本生产成本——甲产品　864 000
　　　　　　　　　　　　　　　　　——乙产品　313 920

> **小思考 6-1**
> 为什么在各种产品成本计算的基本方法中,品种法是最基本的方法?

第二节　产品成本计算的分批法

一、分批法的概念和适用范围

产品成本计算的分批法,是按照产品批别归集生产费用、计算产品成本的一种方法。

分批法主要适用于小批、单件单步骤生产,例如重型机器制造、船舶制造、精密工具仪器制造、专用设备、服装、印刷工业等。

在这种生产类型的企业中,生产大多是根据购货单位的定货单组织的,因此,分批法也称定单法。

二、分批法的特点

分批法的特点,主要表现在以下四个方面。

(一)成本计算对象为产品批别

在小批生产的情况下,按照产品的批别开设产品成本明细账,计算各批产品的成本。

在单件生产的情况下,按照产品的件别开设产品成本明细账,计算各件产品的成本。

(二)在产品完工以后进行成本计算

分批法的成本计算是不定期的,一般是产品完工以后计算(完工月份的月末),与会计报告期不一致,但与生产周期基本一致。

(三)小批单件生产一般不必将生产费用在完工产品与在产品之间进行分配

小批生产批内产品一般都能同时完工,在月末计算成本时,某批产品或是全部已经完工,或是全部没有完工,因而一般不存在在完工产品与在产品之间分配费用的问题。

成本会计

单件生产,产品完工以前,产品成本明细账所记的生产费用,都是在产品成本;产品完工以后,产品成本明细账所记的生产费用,都是完工产品成本,因而在月末计算成本时,也不存在在完工产品与在产品之间分配费用的问题。

(四)小批生产需要将生产费用在完工产品与在产品之间进行分配

批内产品跨月陆续完工,并且已完工的产品按合同规定已经对外销售,为了计算和结转产品的销售成本,就要先计算产品的生产成本,因而也就要在完工产品与在产品之间分配费用,以便计算完工产品成本和月末在产品成本。

三、分批法的计算程序和账务处理举例

为了对分批法有一个全面的了解,现以某小批生产的工业企业的产品成本计算为例,说明分批法的计算程序。

[例 6-2] 某工业制造企业根据购买单位定货单小批生产甲、乙两种产品,采用分批法计算产品成本。某年 7 月份的生产情况和生产费用支出情况的资料如下:

(1)本月份生产产品的批号:

510 批号甲产品 5 台,5 月份投产,本月全部完工。

620 批号甲产品 8 台,6 月份投产,本月完工 5 台,未完工 3 台。

730 批号乙产品 10 台,本月投产,本月尚未完工。

(2)本月份的成本资料:

① 各批产品的月初在产品费用见图表 6-3。

图表 6-3

批号	直接材料	直接人工	制造费用	合　计
510	6 970	3 867.5	1 891.25	12 728.75
620	8 744.8	3 991.6	2 645.2	15 381.6

② 根据各种费用分配表,汇总各批产品本月发生的生产费用见图表 6-4。

图表 6-4

批号	直接材料	直接人工	制造费用	合　计
510		3 166.25	1 030.75	4 197
620		4 161.6	1 856.4	6 018
730	6 364.8	3 903.2	2 046.8	12 314.8

(3)在完工产品与在产品之间分配费用的方法:

510 批号甲产品,本月全部完工,其产品成本明细账上归集的生产费用合计全部是完工产品成本,除以完工产品产量,得到完工产品单位成本。

620 批号甲产品,本月末完工产品数量较大。原材料是在生产开始时一次投入的,其费

用可以按照完工产品和在产品实际数量比例分配;其他费用采用约当产量比例法在完工产品与月末在产品之间进行分配,在产品完工程度为 60%。

730 批号乙产品,本月全部未完工,本月发生的生产费用合计全部是月末在产品成本。

(4) 根据上述各项资料登记各批产品成本明细账(见图表 6-5 至 6-7)。

图表 6-5

产品成本明细账

产品批号:510　　　　　　　购货单位:振兴工厂　　　　　　　投产日期:5 月
产品名称:甲　　　　　　　　批量:5 台　　　　　　　　　　　完工日期:7 月

项　　目	直接材料	直接人工	制造费用	合　　计
月初在产品费用	6 970	3 867.5	1 891.25	12 728.75
本月生产费用		3 166.25	1 030.75	4 197
生产费用合计	6 970	7 033.75	2 922	16 925.75
完工产品成本	6 970	7 033.75	2 922	16 925.75
完工产品单位成本	1 394	1 406.75	584.4	3 385.15

图表 6-6

产品成本明细账

产品批号:620　　　　　　　购货单位:光华工厂　　　　　　　投产日期:6 月
产品名称:甲　　　　　　　　批量:8 台(本月完工 5 台)　　　　完工日期:8 月

项　　目	直接材料	直接人工	制造费用	合　　计
月初在产品费用	8 744.8	3 991.6	2 645.2	15 381.6
本月生产费用		4 161.6	1 856.4	6 018
生产费用合计	8 744.8	8 153.2	4 501.6	21 399.6
完工 5 台产品成本	5 465.5	5 995	3 310	14 770.5
完工产品单位成本	1 093.1	1 199	662	2 954.1
月末在产品费用	3 279.3	2 158.2	1 191.6	6 629.1

图表 6-6 中:

月末在产品约当产量 $=3 \times 60\% = 1.8$(台)

直接材料费用分配率 $= \dfrac{8\,744.8}{5+3} = 1\,093.1$(元/台)

完工产品应分配直接材料费用 $= 5 \times 1\,093.1 = 5\,465.5$(元)

月末在产品应分配直接材料费用 $= 3 \times 1\,093.1 = 3\,279.3$(元)

直接人工分配率 $= \dfrac{8\,153.2}{5+1.8} = 1\,199$(元/台)

完工产品应分配直接人工费用 $= 5 \times 1\,199 = 5\,995$(元)

月末在产品应分配直接人工费用 $= 1.8 \times 1\,199 = 2\,158.2$(元)

制造费用分配率 $= \dfrac{4\,501.6}{5+1.8} = 662$(元/台)

完工产品应分配制造费用＝5×662＝3 310(元)

月末在产品应分配制造费用＝1.8×662＝1 191.6(元)

图表6-7

产品成本明细账

产品批号:730　　　　　　　　　　购货单位:长江工厂　　　　　　　　　　投产日期:7月

产品名称:乙　　　　　　　　　　批量:10台

项　目	直接材料	直接人工	制造费用	合　计
本月生产费用	6 364.8	3 903.2	2 046.8	12 314.8
月末在产品费用	6 364.8	3 903.2	2 046.8	12 314.8

编制完工产品成本结转的会计分录如下:

借:库存商品——甲产品　　　　　　31 696.25

贷:生产成本——基本生产成本——510批号　16 925.75

——620批号　14 770.5

第三节　产品成本计算的分步法

一、分步法的概念和适用范围

产品成本计算的分步法,是按照产品的生产步骤和产品品种归集生产费用、计算产品成本的一种方法。

分步法主要适用于大量大批多步骤生产,例如冶金、纺织、造纸、大批量的机械制造等生产企业。

在多步骤生产的企业中,生产分为若干个步骤进行,例如冶金生产企业可分为炼铁、炼钢、轧钢等步骤;纺织生产企业可分为纺纱、织布、印染等步骤;造纸生产企业可分为制浆、制纸、包装等步骤;机械制造企业生产可分为铸造、加工、装配等步骤。

在大量大批多步骤生产企业中,不仅要求按照产品品种计算成本,而且为了加强各生产步骤的成本管理,还要求按照生产步骤计算成本,以便反映各种产品和各生产步骤成本的实际情况,满足企业进行成本分析和考核的需要。

二、分步法的特点

分步法的特点,主要表现在以下四个方面。

(一)成本计算对象为产品的生产步骤和产品品种

在采用分步法计算产品成本时,产品成本明细账应按照生产步骤和产品品种设立,或者按照生产步骤设立,账中按照产品品种反映。

一般说来,分步计算成本也就是分车间计算成本。

如果企业生产规模很小,管理上不要求分车间计算成本,也可以将几个车间合并为一个步骤计算成本。

如果企业生产规模很大,车间内可以分成几个生产步骤,并且管理上也要求分步计算成本时,也可在车间内分步计算成本。

(二)定期在月末进行成本计算

在大量大批多步骤生产中,由于生产过程较长,可以间断,而且产品往往都是跨月陆续完工,因此,成本计算一般都是定期在月末进行的,与会计报告期一致,但与生产周期不一致。

(三)需要将生产费用在完工产品与在产品之间进行分配

采用分步法计算产品成本时,各步骤月末一般都存在尚未完工的在产品,因此,计入各生产步骤和各种产品成本明细账中的生产费用,一般都要采用适当的分配方法在完工产品和月末在产品之间进行分配。

(四)各步骤之间存在一个成本结转问题

与前面两种成本计算方法不同,在采用分步法计算产品成本时,在各步骤之间有一个成本结转的问题,这是分步法的一个十分重要的特点。因为产品生产是分步骤进行的,上一步骤生产的半成品是下一步骤加工的对象,因此,为了计算各种产品的产成品成本,还需要按照产品品种结转各步骤半成品的成本。

由于成本管理对各生产步骤成本核算资料要求不同,即要不要计算各生产步骤的半成品成本,因此,分步法按是否计算各步骤半成品成本以及各步骤半成品成本结转方式的不同,又可分为逐步结转分步法和平行结转分步法两种。

图表6-8

$$分步法\begin{cases}逐步结转分步法——要计算半成品成本\\平行结转分步法——不计算半成品成本\end{cases}$$

本教材重点介绍逐步结转分步法。

三、逐步结转分步法

在大量大批多步骤生产企业中,由于各生产步骤所生产的半成本不仅用于本企业进一步加工,而且还经常作为商品产品对外销售,例如,冶金生产企业对外销售生铁、钢锭,纺织生产企业对外销售棉纱、坯布等。成本管理往往需要在成本核算时既要提供产成品成本资料,又要提供各个生产步骤的半成品成本资料,以便结转已销售的半成品的成本,为此,采用逐步结转分步法。逐步结转分步法又称计列半成品成本的分步法。

为了逐步计算各生产步骤完工半成品成本和最后一个步骤的产成品成本,各步骤耗用上一步骤半成品的成本,要随着半成品实物的转移,从上一步骤的产品成本明细账转入下一步骤相同产品的成本明细账中。

在实际工作中,半成品完工后有两种情况:一是直接转移到下一步骤,二是通过半成品库收发间接转移到下一步骤。

直接转移到下一步骤的半成品成本可以随实物的直接转移而在上下步骤的产品成本明细账之间直接结转,总分类账核算不必编制结转半成品成本的会计分录。

通过半成品库收发的半成品,则需通过"自制半成品"总账科目核算,验收入库时,借记"自制半成品"科目,贷记"生产成本——基本生产成本"科目;在下一步骤领用时,借记"生产成本——基本生产成本"科目,贷记"自制半成本"科目。

以上两种不同的半成品结转方式,用图式表示,如图表6-9、6-10所示。

图表6-9

逐步结转分步法半成品不通过仓库收发成本计算程序图

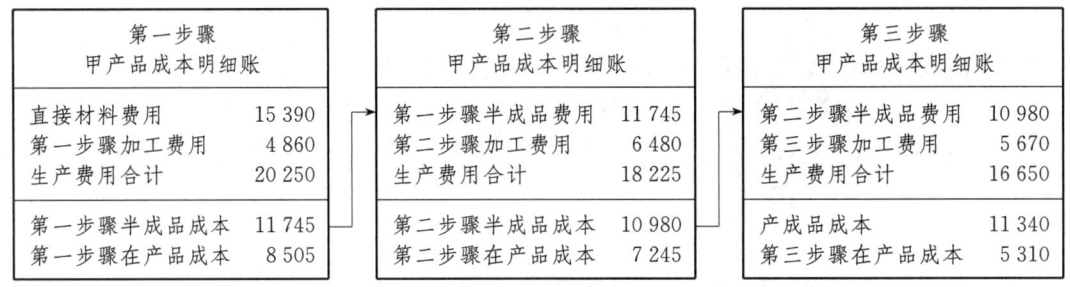

图表6-10

逐步结转分步法半成品通过仓库收发成本计算程序图

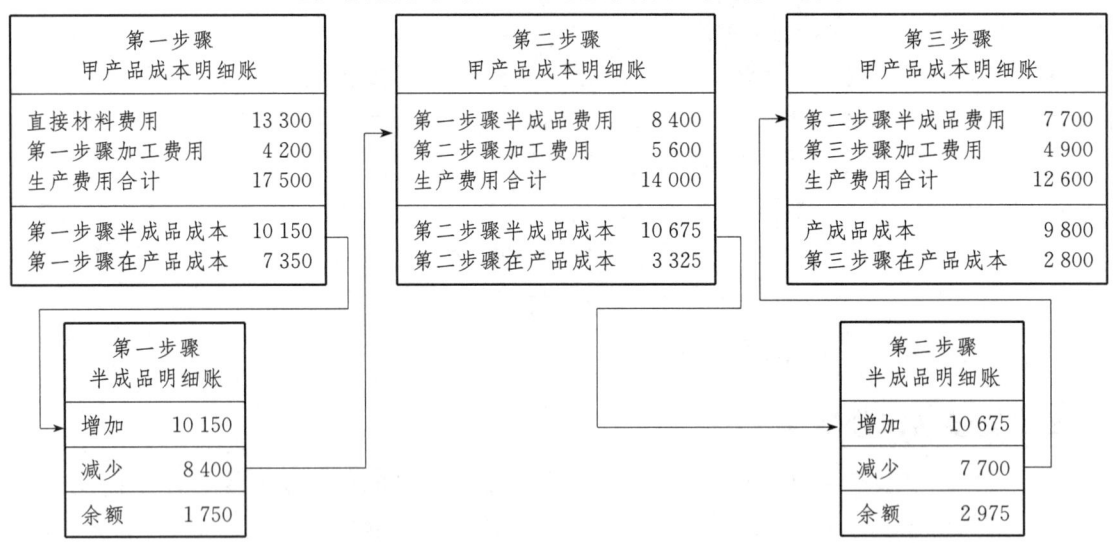

从以上可以看出,采用逐步结转分步法,每月月末,各项生产费用(包括所耗上一步骤半成品成本)在各步骤产品成本明细账中归集以后,如果既有完工半成品,又有加工中的在产品,则应将各步骤的生产费用采用适当的分配方法在其完工半成品与加工中的在产品之间进行分配,以便计算完工半成品成本。然后,通过半成品成本的逐步结转,在最后一个步骤的产品成本明细账中,计算出完工产成品的成本。

分步法的每一个步骤都好比是一个品种法,逐步结转分步法实际上就是品种法的多次连接应用。

采用逐步结转分步法,按照半成品成本在下一步骤产品成本明细账中反映形式的不同,又可分为综合结转法和分项结转法两种方法。

图表 6-11

$$逐步结转分步法 \begin{cases} 综合结转法 \\ 分项结转法 \end{cases}$$

(一)综合结转法

综合结转法,就是将本步骤耗用上一步骤的半成品成本,以合计数综合计入本步骤产品成本明细账中专设的"半成品"成本项目。

由于逐步结转分步法半成品有不通过仓库收发和通过仓库收发两种情况,下面分别举例说明。

1. 半成品不通过仓库收发

[**例 6-3**]　假定甲产品分两个步骤进行生产。第一步骤将加工完成的半成品直接交给第二步骤继续加工成产成品。半成品不通过仓库收发。

第一步骤生产费用在完工产品与在产品之间的分配采用约当产量比例法。第一步骤完工产品 145 吨,月末在产品 50 吨,完工程度 60%。原材料随着加工进程逐步投入。

第二步骤在产品接近完工,在产品按完工产品成本计价。完工产品 180 吨,月末在产品 20 吨。

有关资料及成本计算见图表 6-12、6-13。

图表 6-12

产品成本明细账

完工产品产量:145 吨

第一步骤:半成品甲　　　　　　　　　　月末在产品数量:50 吨　完工率 60%

项　目	直接材料	直接人工	制造费用	合　计
月初在产品成本	8 000	2 350	5 450	15 800
本月生产费用	20 000	3 600	12 400	36 000
生产费用合计	28 000	5 950	17 850	51 800
完工产品成本	23 200	4 930	14 790	42 920
月末在产品成本	4 800	1 020	3 060	8 880

计算过程如下:

月末在产品约当产量 $= 50 \times 60\% = 30$(吨)

直接材料分配率 $= \dfrac{28\,000}{145+30} = 160$(元/吨)

完工产品应分配直接材料费用 $= 145 \times 160 = 23\,200$(元)

月末在产品应分配直接材料费用 $= 30 \times 160 = 4\,800$(元)

直接人工分配率 $= \dfrac{5\,950}{145+30} = 34$(元/吨)

完工产品应分配直接人工费用＝145×34＝4 930(元)

月末在产品应分配直接人工费用＝30×34＝1 020(元)

$$制造费用分配率＝\frac{17\ 850}{145+30}＝102(元/吨)$$

完工产品应分配制造费用＝145×102＝14 790(元)

月末在产品应分配制造费用＝30×102＝3 060(元)

图表6-13

产品成本明细账

完工产品产量:180 吨

月末在产品数量:20 吨

第二步骤:甲产品

项　目	半成品	直接人工	制造费用	合　计
月初在产品成本	6 000	3 000	1 000	10 000
本月生产费用	42 920	8 000	3 000	53 920
生产费用合计	48 920	11 000	4 000	63 920
完工产品成本	44 028	9 900	3 600	57 528
月末在产品成本	4 892	1 100	400	6 392

计算过程如下:

$$半成品分配率＝\frac{48\ 920}{180+20}＝244.6(元/吨)$$

完工产品应分配半成品费用＝180×244.6＝44 028(元)

月末在产品应分配半成品费用＝20×244.6＝4 892(元)

$$直接人工分配率＝\frac{11\ 000}{180+20}＝55(元/吨)$$

完工产品应分配直接人工费用＝180×55＝9 900(元)

月末在产品应分配直接人工费用＝20×55＝1 100(元)

$$制造费用分配率＝\frac{4\ 000}{180+20}＝20(元/吨)$$

完工产品应分配制造费用＝180×20＝3 600(元)

月末在产品应分配制造费用＝20×20＝400(元)

由以上两个产品成本明细账可以看出,第二步骤"本月生产费用"中"半成品"成本项目的金额是第一步骤"完工产品成本"合计数 42 920 元,第一步骤完工产品成本是综合转入第二步骤的。

2. 半成品通过仓库收发

[例6-4]　假定乙产品生产分两个步骤,分别由两个车间进行。第一车间生产半成品乙,交半成品库验收;第二车间按所需数量从半成品库领用,所耗半成品成本按全月一次加权平均单位成本计算。第一车间月末在产品按定额成本计算;第二车间完工产品和在产品之间的费用采用定额比例法分配。有关资料及成本计算如下:

(1) 第一车间半成品乙的成本计算见图表6-14。

产品成本明细账

第一车间:半成品乙   完工产量:225 吨

摘　要	直接材料	直接人工	制造费用	合　计
月初在产品定额成本	10 368	3 240	1 231.2	14 839.2
本月生产费用	67 392	11 988	4 762.8	84 142.8
生产费用合计	77 760	15 228	5 994	98 982
完工产品成本	64 800	11 664	4 536	81 000
月末在产品定额成本	12 960	3 564	1 458	17 982

第一车间月末在产品按定额成本计价,有关资料如下:月末在产品 25 吨,单位产品原材料费用定额 518.4 元(原材料在生产开始时一次投入),月末在产品定额工时 1 800 小时,每个工时直接人工费用 1.98 元,制造费用 0.81 元。

月末在产品定额成本计算如下:

直接材料费用=25×518.4=12 960(元)

直接人工费用=1 800×1.98=3 564(元)

制造费用=1 800×0.81=1 458(元)

完工产品成本采用倒挤方法算出,即将生产费用合计减月末在产品定额成本倒算出完工产品成本。

第一车间完工产品成本计算过程如下:

直接材料费用=77 760-12 960=64 800(元)

直接人工费用=15 228-3 564=11 664(元)

制造费用=5 994-1 458=4 536(元)

编制会计分录如下:

借:自制半成品——半成品乙　　　　　　　　　　81 000

　　贷:生产成本——基本生产成本——第一车间　　　81 000

(2)自制半成本明细账计算见图表 6-15。

图表 6-15

自制半成品明细账

名称:半成品乙   单位:元

月份	月初余额		本月增加		合　计			本月减少	
	数量(吨)	实际成本	数量(吨)	实际成本	数量(吨)	实际成本	单位成本	数量(吨)	实际成本
1	45	17 172	225	81 000	270	98 172	363.6	234	85 082.4
2	36	13 089.6							

表中单位成本采用加权平均法计算,计算过程如下:

$$单位成本=\frac{17\ 172+81\ 000}{45+225}=363.6(元/吨)$$

第二车间领用半成品成本=234×363.6=85 082.4(元)

编制会计分录如下：

> 借：生产成本——基本生产成本——第二车间   85 082.4
>
>   贷：自制半成品——半成品乙   85 082.4

（3）第二车间乙产品的成本计算见图表 6-16。

第二车间采用定额比例法分配完工产品成本和月末在产品成本。有关资料如下：完工产品半成品定额耗用量 216 吨，定额工时 4 500 小时；月末在产品的半成品定额耗用量 43.2 吨，定额工时 900 小时。则生产费用合计数在完工产品与在产品之间的分配如下：

图表 6-16

产品成本明细账

第二车间：乙产品   完工产量：180 吨

项 目	半成品	直接人工	制造费用	合 计
月初在产品费用	10 562.4	2 268	1 620	14 450.4
本月生产费用	85 082.4	6 480	9 072	100 634.4
生产费用合计	95 644.8	8 748	10 692	115 084.8
完工产品成本	79 704	7 290	8 910	95 904
月末在产品成本	15 940.8	1 458	1 782	19 180.8

计算过程如下：

半成品费用分配率 $=\dfrac{95\ 644.8}{216+43.2}=369$（元/吨）

完工产品应分配半成品费用 $=216\times369=79\ 704$（元）

月末在产品应分配半成品费用 $=43.2\times369=15\ 940.8$（元）

直接人工费用分配率 $=\dfrac{8\ 748}{4\ 500+900}=1.62$（元/小时）

完工产品应分配直接人工费用 $=4\ 500\times1.62=7\ 290$（元）

月末在产品应分配直接人工费用 $=900\times1.62=1\ 458$（元）

制造费用分配率 $=\dfrac{10\ 692}{4\ 500+900}=1.98$（元/小时）

完工产品应分配制造费用 $=4\ 500\times1.98=8\ 910$（元）

月末在产品分配制造费用 $=900\times1.98=1\ 782$（元）

完工产品验收入库时，编制会计分录如下：

> 借：库存商品——乙产品   95 904
>
>   贷：生产成本——基本生产成本——第二车间 95 904

由以上计算可以看出，第一车间产品成本明细账中"完工产品成本"行的合计数 81 000 元综合转入自制半成品明细账的"本月增加"栏，而自制半成品明细账的"本月减少"栏的实际成本 85 082.4 元则转入第二车间产品成本明细账的"本月生产费用"行中的"半成品"成本项目。

采用综合结转法结转半成品成本，各步骤所耗半成品的成本是以"半成品"项目综合反映的。这样计算出来的产成品的成本，不能提供按原始成本项目（直接材料、直接人工、制造费用）反映的成本资料。

在生产步骤较多的情况下,逐步综合结转半成品成本以后,表现在产品成本中的绝大部分费用是最后一个步骤所耗半成品的费用,而直接人工、制造费用只是最后一个步骤发生的费用,在产成品成本中所占的比重很小,这样不符合企业产品成本的结构(各成本项目占产品成本的比重)的实际情况,因而不利于从整个企业的角度来考核和分析产品成本的构成水平,也不利于成本分析工作。

在管理上要求从整个企业角度分析和考核产品成本的构成时,应将逐步综合结转算出的产成品成本进行成本还原,即将产成品成本还原为按原始成本项目反映的成本。

进行成本还原,要从最后一个步骤起,把产成品成本中所耗上一步骤半成品的综合成本,按照上一步骤半成品的成本结构还原成直接材料、直接人工、制造费用等原始成本项目,从而求得按原始成本项目反映的产成品成本资料。

以上例为例,成本还原的对象是第二车间完工产品成本中的"半成品"成本项目 79 704元,它是第二车间耗用第一车间半成品成本中应由产成品成本负担的部分,应当按照第一车间生产该种完工半成品的成本结构进行还原。

第一车间生产该种半成品的成本结构计算如下:

直接材料费用＝64 800÷81 000×100％＝80％

直接人工费用＝11 664÷81 000×100％＝14.4％

制造费用＝4 536÷81 000×100％＝5.6％

然后用还原对象 79 704 元分别乘以 80％、14.4％、5.6％,就可得到还原为原始成本项目的三个数字,即直接材料 63 763.2 元、直接人工 11 477.376 元、制造费用 4 463.424 元;再加上产成品成本中第二车间的直接人工 7 290 元、制造费用 8 910 元,从而得到按原始成本项目反映的产成品成本:直接材料 63 763.2 元、直接人工 18 767.376 元和制造费用 13 373.424元,合计 95 904 元。

实际工作中,成本还原可通过编制"产品成本还原计算表"进行(见图表 6-17)。

图表 6-17

产品成本还原计算表

产品名称:乙产品 产量:180 吨

行次	项 目	还原分配率	半成品	直接材料	直接人工	制造费用	合 计
①	还原前产成品成本		79 704		7 290	8 910	95 904
②	本月所产半成品成本			64 800	11 664	4 536	81 000
③＝②× 还原率	产成品成本中半成品成本还原	79 704÷81 000 ＝0.984	－79 704	63 763.2	11 477.376	4 463.424	0
④＝① ＋③	完工产品成本			63 763.2	18 767.376	13 373.424	95 904
⑤＝④÷ 产量	还原后产成品单位成本			354.24	104.263 2	74.296 8	532.8

上述成本还原计算方法如下:

第一步,计算还原分配率:

$$还原分配率＝\frac{本月产成品成本中耗用上一步骤半成品的成本费用}{本月所产该种半成品成本合计}$$

第二步,以还原分配率分别乘本月所产该种半成品各个成本项目的费用。

本案例生产是两个步骤,成本还原一次,如果生产是三个步骤,则要还原两次,以此类推。

采用综合结转法逐步结转半成品成本,可以在各生产步骤的产品成本明细账中看出各步骤产品所耗上一步骤半成品费用的水平和本步骤加工费用的水平,从而有利于各生产步骤的管理。但如果管理上要求提供按原始成本项目反映的产成品成本资料,必须进行成本还原,从而要增加核算工作。因此,这种结转方法只宜在管理上要求计算各步骤完工产品所耗半成品费用,而不要求进行成本还原的情况下采用。

小思考 6-2

综合结转分步法为什么要进行成本还原?还原的对象是什么?

小练习 6-1

甲产品通过两个车间连续加工制成,采用逐步结转分步法中的综合结转法,两个车间成本资料如下:

项　目	半成品	直接材料	直接人工	制造费用	合　计
第一车间完工半成品成本		9 450	6 500	8 370	24 320
第二车间完工产成品成本	29 184		7 073	9 286	45 543

进行成本还原。

（二）分项结转法

分项结转法,就是将各步骤耗用上一步骤的半成品成本,按照成本项目分项转入各该步骤产品成本明细账的有关成本项目中。

[例 6-5]　假定丙产品生产分两个步骤连续加工,原材料在生产开始时一次投入,第一步骤生产半成品丙直接转入第二步骤继续加工,成本计算采用分项结转法。第一步骤月末完工产品和在产品之间的费用按产量和约当产量比例分配,第二步骤月末在产品按定额成本计算,丙产品每千克原材料费用定额 48.75 元,工资及福利费用定额 16.85 元,制造费用定额 19.4 元。有关资料及成本如下:

(1)第一步骤半成品丙的成本计算见图表 6-18。

产品成本明细账

完工产量:450 千克

在产品数量:60 千克

第一步骤:半成品乙

完工率:50%

摘　要	直接材料	直接人工	制造费用	合　计
月初在产品成本	7 488	2 448	2 664	12 600
本月生产费用	18 012	6 192	6 936	31 140
生产费用合计	25 500	8 640	9 600	43 740
单位成本(分配率)	50	18	20	88
完工产品成本	22 500	8 100	9 000	39 600
月末在产品成本	3 000	540	600	4 140

计算过程如下:

直接材料费用分配率＝25 500÷(450＋60)＝50(元/千克)

直接人工费用分配率＝8 640÷(450＋60×50%)＝18(元/千克)

制造费用分配率＝9 600÷(450＋60×50%)＝20(元/千克)

(2) 第二步骤乙产品的成本计算见图表 6-19。

图表 6-19

产品成本明细账

完工产量:480 千克

在产品数量:120 千克

第二步骤:丙产品

摘　要	直接材料	直接人工	制造费用	合　计
月初在产品定额成本	7 590	2 442	2 808	12 840
本月本步骤生产费用		5 040	7 680	12 720
耗用上一步骤半成品费用	22 500	8 100	9 000	39 600
生产费用合计	30 090	15 582	19 488	65 160
完工产品成本	24 240	13 560	17 160	54 960
完工产品单位成本	50.5	28.25	35.75	114.5
月末在产品定额成本	5 850	2 022	2 328	10 200

计算过程如下:

月末在产品定额成本:

直接材料费用＝120×48.75＝5 850(元)

直接人工费用＝120×16.85＝2 022(元)

制造费用＝120×19.4＝2 328(元)

完工产品成本:

成
本
会
计

直接材料费用＝30 090－5 850＝24 240(元)

直接人工费用＝15 582－2 022＝13 560(元)

制造费用＝19 488－2 328＝17 160(元)

(3) 结转完工产品成本,编制会计分录如下:

借:库存商品——丙产品   54 960

  贷:生产成本——基本生产成本——第二步骤 54 960

采用分项结转法结转半成品成本,各步骤所耗半成品的成本是按其原始成本项目分项逐步转入的。这样计算出来的产成品成本,可以直接、正确地提供按原始成本项目反映的产品成本资料,便于从整个企业的角度考核、分析产品成本的构成情况,不需要进行成本还原。

但是,这种方法的成本结转工作比较复杂,而且在各步骤完工产品成本中看不出所耗上一步骤半成品的费用和本步骤加工费用的水平,不便于进行完工产品成本分析。

分项结转分步法一般适用于管理上不要求分别提供各步骤完工产品所耗半成品费用和本步骤加工费用资料,但要求按原始成本项目反映产品成本的企业。

第七章 工业制造企业产品成本计算的辅助方法

【学习目标】

通过本章学习，明确分类法和定额法的概念、适用范围、特点和计算程序，掌握各种方法的费用分配和归集，以及相应的账务处理。

第一节　产品成本计算的分类法

一、分类法的概念和适用范围

产品成本计算的分类法(classification)，是按照产品类别归集生产费用、计算产品成本的一种方法。

分类法主要适用于产品品种、规格、型号繁多，但可以按产品的性能、结构、用途或工艺过程的类似性将其划分为若干类别的生产企业。例如，冶金生产企业生产各种型号和规格的钢材，灯饰企业生产各种类别和瓦数的灯泡、灯管等。

在这种生产企业，如果采用品种法，按每种产品的品种、规格归集生产费用，计算产品成本，工作量将不胜其烦。因此，将不同品种、规格的产品按照一定标准分类后再计算产品成本，成本计算工作就可大大简化。

二、分类法的特点

分类法的特点，主要表现在以下两个方面。

（一）成本计算对象为产品的类别

以产品的类别作为成本计算对象，按照产品的类别归集生产费用，计算产品成本。

（二）将每类完工产品成本分配给类内各种产品

在确定了每类完工产品成本之后，还要用一定的方法将该类完工产品成本分配给类内各种产品。

三、分类法的计算程序和账务处理举例

采用分类法计算产品成本，首先，将产品按照一定的标准划分为若干个类别，按照产品的类别开立产品成本明细账，账内按成本项目归集生产费用、计算各类产品的完工产品成本和月末在产品成本。

其次，对每类完工产品成本，选择合理的分配标准，在类内各种产品之间进行分配，计算出各种产品的成本。分配时，对于不同的成本项目，可以采用不同的标准来分配。例如，直接材料费用可以按材料定额消耗量或定额费用比例来分配，直接人工费用和制造费用可以按定额工时比例来分配。

［例7-1］　假定某工业制造企业10月份用同样的材料、同样的工艺技术过程生产A、B、C三种不同型号、规格的产品，根据生产特点和管理要求，将以上三种相近产品合并为甲类计算成本。类内各种产品费用分配标准：直接材料费用按材料定额系数分配（ 定额系数按材料

定额费用比例计算确定),选择甲产品为标准产品,加工费用按定额工时比例分配。

其分配计算过程如下:

(1)计算直接材料费用系数和定额工时数见图表 7-1 所示。

图表 7-1

直接材料费用系数和定额工时计算表

产品名称	产量 (件) ①	单位产品直接 材料费用定额 ②	直接材料 费用系数 ③	直接材料 费用总系数 ④=①×③	单位产品工 时消耗定额 ⑤	定额工时 ⑥=①×⑤
A	100	216	1	100	72	7 200
B	200	237.6	1.1	220	108	21 600
C	120	324	1.5	180	135	16 200
合 计				500		45 000

上述直接材料费用系数计算如下:

A 产品直接材料费用系数 $=\dfrac{216}{216}=1$

B 产品直接材料费用系数 $=\dfrac{237.6}{216}=1.1$

C 产品直接材料费用系数 $=\dfrac{324}{216}=1.5$

(2)运用第六章学过的产品成本计算的基本方法,计算甲类产品总成本见图表 7-2 所示。

图表 7-2

产品成本明细账

产品名称:甲类产品　　　　　　　　　　××年 10 月　　　　　　　　　　单位:元

成本项目	直接材料	直接人工	制造费用	合 计
月初在产品成本	8 100	4 590	2 826	15 516
本月生产费用	89 100	73 530	41 454	204 084
生产费用合计	97 200	78 120	44 280	219 600
完工产品成本	86 400	72 000	40 500	198 900
月末在产品成本	10 800	6 120	3 780	20 700

(3)甲类完工产品成本在类内 A、B、C 三种产品之间进行分配,如图表 7-3 所示。

图表 7-3

甲类产品成本计算表

××年 10 月

项 目	直接材料 费用总系数	定额工时	产品成本项目			完工产品 总成本
			直接材料	直接人工	制造费用	
分配率			$\dfrac{86\ 400}{500}=172.8$	$\dfrac{72\ 000}{45\ 000}=1.6$	$\dfrac{40\ 500}{45\ 000}=0.9$	

项　目	直接材料费用总系数	定额工时	产品成本项目			完工产品总成本
			直接材料	直接人工	制造费用	
A 产品	100	7 200	17 280	11 520	6 480	35 280
B 产品	220	21 600	38 016	34 560	19 440	92 016
C 产品	180	16 200	31 104	25 920	14 580	71 604
合　计	500	45 000	86 400	72 000	40 500	198 900

根据甲类产品成本计算表,应编制会计分录如下:

借:库存商品——A 产品　　　　　　　35 280
　　　　　——B 产品　　　　　　　92 016
　　　　　——C 产品　　　　　　　71 604
　　贷:生产成本——基本生产成本——甲类产品　　　　198 900

为了减少分配计算的工作量,也可按统一的比例来分配。例如,选择一种产量较大或规格适中的产品作为标准产品,将其系数定为"1";其他规格的产品与标准产品进行重量、长度、体积、定额成本或者价格等方面的比较,求出一个比例系数;将各种产品的实际产量按其系数折算为标准产量,以标准产量的比例来分配类内各种产品的成本和各成本项目的成本。但是,由于直接材料费用与加工费用性质不同,因此,各成本项目费用均按同一比例分配不尽合理。

四、分类法的优缺点和应用条件

采用分类法计算产品成本,由于产品成本明细账按产品类别开立,不仅可以简化成本计算工作,而且还可以在产品品种、规格繁多的情况下,分类掌握产品成本的水平。但由于同类产品内按一定的比例分配计算各种产品的成本,计算结果的准确性受到一定影响,因此分类时类距一定要恰当,分配标准也要合理。

采用分类法计算产品成本,必须具备一定条件,即企业生产的产品品种、规格繁多,但可以按照一定的标准进行分类。分类法与生产的类型没有直接的关系,它可以在各种类型的生产中采用。

分类法不是一种独立的、基本的成本计算方法,在采用分类法计算产品成本时,还要使用品种法、分批法或分步法等基本的成本计算方法。

> **小练习 7-1**
> 甲、乙、丙三种产品归为一类,其直接材料费用定额分别为 270 元、300 元、450 元,以乙产品为标准产品计算直接材料费用系数。

第二节　产品成本计算的定额法

一、定额法的概念和适用范围

产品成本计算的定额法（the quota method），是指预先制定产品的定额成本，在此基础上，将发生的生产费用划分为符合定额的费用和脱离定额的差异，并在定额成本的基础上加减各种差异以计算产品实际成本的一种方法。

定额法适用于定额管理制度比较健全、定额管理工作的基础较好、产品的生产已经定型、各项消耗定额都比较准确、稳定的企业，如：大量大批生产的机械制造企业等。

前述成本计算的三种基本方法中的品种法、分批法、分步法，以及辅助方法中的分类法，对于生产费用的日常核算，都是按照生产费用的实际发生额进行的。产品的实际成本，也都是根据实际生产费用计算的。这样的计算方法，在生产费用发生的当时无法知道其脱离定额的差异及原因，要等到月末时将实际数据与定额数据进行对比、分析才能反映。而产品成本计算的定额法能够及时地反映并监督生产费用和产品成本脱离定额的差异，有利于加强定额管理和成本控制。

二、定额法的特点

定额法的特点，主要表现在以下三个方面。

（一）预先制定定额

预先制定产品直接材料的消耗定额、直接人工和制造费用的定额，以产品的定额成本作为降低产品成本的目标。

（二）费用发生时揭示差异

在料、工、费发生的当时就将生产费用划分为符合定额的费用和发生的差异两部分，及时地揭示差异，以便分析和控制。

（三）在定额成本的基础上加减各种差异，计算产品的实际成本

月末，在定额成本的基础上，加减脱离定额差异，加减材料成本差异，加减定额变动差异，求得产品的实际成本。

三、定额的计算程序和账务处理举例

（一）产品定额成本的计算

产品定额成本的计算要按照不同的成本项目分别进行。

其中：

直接材料定额成本＝产品材料定额消耗量×材料计划单价

直接人工定额成本＝产品工时定额×每小时计划工资率

制造费用定额成本＝产品工时定额×每小时计划制造费用率

产品的定额成本＝直接材料定额成本＋直接人工定额成本＋制造费用定额成本

[**例7-2**]　假定某工业制造企业生产甲产品，由3个A零件和4个B零件组装构成。A零件耗用8421材料，每个A零件材料消耗定额3.6千克；B零件耗用8422材料，每个B零件材料消耗定额2.5千克。8421材料计划单价5元，8422材料计划单价6元。

则甲产品直接材料费用定额成本计算如下：

甲产品直接材料定额成本＝$3×3.6×5+4×2.5×6=114$（元）

上述$3.6×5$是A零件材料消耗定额乘以材料计划单价，由于甲产品耗用3个A零件，因此还要乘以3；B零件计算方法同此。

[**例7-3**]　假定在[例7-4]中，A、B零件加工工序及每道工序工时定额如图表7-7所示。

图表7-4

A、B零件加工工序和工时定额

A零件		B零件	
工序	工时定额	工序	工时定额
1	5	1	3
2	3	2	4
3	4	3	3
4	2		

由图表7-4可知，A零件要经过四道工序加工，累计工时定额为14小时，B零件要经过三道工序加工，累计工时定额为10小时。

由于甲产品要耗用3个A零件和4个B零件，因此，

甲产品工时定额＝$3×14+4×10=82$（小时）

[**例7-4**]　假定在[例7-2]中，每小时计划工资率为7元，计划制造费用率为7.5元。则：

甲产品直接人工定额成本＝$82×7=574$（元）

甲产品制造费用定额成本＝$82×7.5=615$（元）

甲产品定额成本＝$114+574+615=1\,303$（元）

（二）脱离定额差异的计算

脱离定额差异是指在生产过程中，实际发生的料、工、费脱离定额的数额。

脱离定额差异的计算要按照不同的成本项目分别进行。

1. 直接材料脱离定额差异的计算

直接材料脱离定额差异的计算可以采用限额法。

在采用限额法时,为了控制材料领用,必须实行限额领料制度,即在限额范围内领料,根据"限额领料单"等定额凭证领发。如果发生超出限额领用材料的情况,应填制专设的差异凭证"超额领料单"领取材料;如果实际领用材料小于限额领料单上规定的材料数量,则限额领料单上月末有材料余额。

月末,应将差异凭证中超额领料数额与限额领料单中的材料余额进行汇总,计算出直接材料脱离定额差异。计算公式为:

直接材料脱离定额差异=(材料实际耗用量-材料定额耗用量)×材料计划单价

[**例 7-5**]　假定某工业制造企业本月投产甲产品 1 000 件,每件产品的直接材料消耗定额为 3.5 千克,本月实际领用材料 3 550 千克,每千克材料计划单价 8 元。则直接材料脱离定额差异计算如下:

直接材料定额消耗量=1 000×3.5=3 500(千克)

直接材料脱离定额差异=(3 550-3 500)×8=400(元)

如果生产车间中有期初、期末结存材料,则在计算直接材料实际耗用量时,还要考虑期初、期末结存材料数量。

[**例 7-6**]　假定某工业制造企业投产乙产品 800 件,每件产品的直接材料消耗定额为 6 千克,本月实际领用材料 4 780 千克,车间期初结存材料 40 千克,期末结存材料 80 千克,每千克材料计划单价 10 元。则直接材料脱离定额差异计算如下:

直接材料定额消耗量=800×6=4 800(千克)

直接材料实际消耗量=期初结存材料数量+本期实际领用材料数量-期末结存材料数量

　　　　　　　　　　=40+4 780-80=4 740(千克)

直接材料脱离定额差异=(4 740-4 800)×10=-600(元)

上述直接材料脱离定额差异,正数为实际消耗量大于定额消耗量的超支差异,负数为实际消耗量小于定额消耗量的节约差异。

以上计算须在投产产品数量,即实际耗用所领材料的产品数量符合限额领料单规定的产品数量的前提下成立。

2. 直接人工脱离定额差异的计算

直接人工脱离定额的差异要区分计件工资与计时工资。

在计件工资制下,直接人工费属于直接计入费用,脱离定额差异的计算可比照直接材料脱离定额差异的计算。符合定额的人工费,反映在产量记录中,脱离定额的差异则反映在差异凭证(如:人工费补付单等)中。计算公式如下:

$$\text{直接人工费脱离定额差异}=\text{产品实际发生的直接人工费}-\left(\text{产品实际产量}\times\text{单位产品直接人工费用定额}\right)$$

在计时工资制下,直接人工费属于间接计入费用,脱离定额差异要等到月末实际人工费

总额确定以后才能计算出来,平时则不能按照产品直接计算。计算公式如下:

$$计划每小时直接人工费=\frac{车间计划产量的定额直接人工费}{车间计划产量的定额生产工时总数}$$

$$实际每小时直接人工费=\frac{车间实际直接人工费总额}{车间实际生产工时总数}$$

$$产品定额直接人工费=产品实际产量的定额生产工时×计划每小时直接人工费$$

$$产品实际直接人工费=产品实际生产工时×实际每小时直接人工费$$

$$产品直接人工费脱离定额差异=产品实际直接人工费-产品定额直接人工费$$

[例 7-7]　假定某工业制造企业的基本生产车间生产甲、乙、丙三种产品,10 月份计划产量的定额直接人工费为 32 560 元,计划产量的定额生产工时为 5 920 小时;实际直接人工费为35 464 元,实际生产工时为 6 820 小时。10 月份甲产品实际产量的定额工时为 3 600 小时,实际生产工时为 3 700 小时。

则甲产品直接人工费脱离定额差异计算过程如下:

$$计划每小时直接人工费=\frac{32\ 560}{5\ 920}=5.5(元/小时)$$

$$实际每小时直接人工费=\frac{35\ 464}{6\ 820}=5.2(元/小时)$$

甲产品定额直接人工费=3 600×5.5=19 800(元)

甲产品实际直接人工费=3 700×5.2=19 240(元)

甲产品直接人工费脱离定额差异=19 240-19 800=-560(元)

由以上计算可以看出,直接人工费脱离定额差异既受每小时直接人工费的影响,又受单位产品生产工时的影响。因此,要降低单位产品计时工资,既要控制直接人工费总额,使之不超过计划,又要控制单位产品的工时耗费,使之不超过定额。

3. 制造费用脱离定额差异的计算

制造费用也属于间接计入费用,其脱离定额差异的计算方法与直接人工费脱离定额差异的计算方法相类似。计算公式如下:

$$计划每小时制造费用=\frac{车间计划制造费用总额}{车间计划产量的定额生产工时总数}$$

$$实际每小时制造费用=\frac{车间实际制造费用总额}{车间实际生产工时总数}$$

$$产品定额制造费用=产品实际产量的定额生产工时×计划每小时制造费用$$

$$产品实际制造费用=产品实际生产工时×实际每小时制造费用$$

$$产品制造费用脱离定额差异=产品实际制造费用-产品定额制造费用$$

[例 7-8]　假定上例企业 10 月份计划制造费用总额为 37 296 元,计划产量的定额工时

总数为 5 920 小时;实际发生制造费用为 43 307 元,实际生产工时为 6 820 小时。

则甲产品制造费用脱离定额差异计算过程如下:

计划每小时制造费用 $=\dfrac{37\ 296}{5\ 920}=6.3$(元/小时)

实际每小时制造费用 $=\dfrac{43\ 307}{6\ 820}=6.35$(元/小时)

甲产品定额制造费用 $=3\ 600\times 6.3=22\ 680$(元)

甲产品实际制造费用 $=3\ 700\times 6.35=23\ 495$(元)

甲产品制造费用脱离定额差异 $=23\ 495-22\ 680=815$(元)

由以上计算可以看出,制造费用脱离定额差异同样受每小时制造费用影响和单位产品生产工时影响,因此,要控制产品的制造费用,不仅要控制制造费用总额,使之不超过计划,还要控制单位产品的工时耗费,使之不超过定额。

由于直接材料、直接人工、制造费用脱离定额差异既可能是正数(实际大于定额),也可能是负数(实际小于定额),因此,将产品的定额成本加上或者减去脱离定额差异,就可求得产品的实际成本,即:

$$产品实际成本＝产品定额成本±脱离定额差异$$

(三) 材料成本差异的计算

前述直接材料定额成本的计算和脱离定额差异的计算都是按材料的计划单价计算的,其中:

$$直接材料定额成本＝材料定额耗用量×材料计划单价$$

$$直接材料脱离定额差异＝(材料实际耗用量－材料定额耗用量)×材料计划单价$$

直接材料的定额成本是定额耗用量乘以计划单价,直接材料脱离定额差异是耗用量差异乘以计划单价,即按计划单价反映的直接材料的数量差异。两者之和为:

$$产品实际成本＝产品定额成本±脱离定额差异$$
$$＝材料定额耗用量×材料计划单价＋(材料实际耗用量×材料计划单价$$
$$－材料定额耗用量×材料计划单价)$$
$$＝材料实际耗用量×材料计划单价$$

月末,计算产品的实际直接材料费用时,还应该乘以材料成本差异率,分配材料成本价格差异。计算公式为:

$$产品应分配的直接材料成本差异＝\left(产品直接材料定额成本±脱离定额差异\right)×直接材料成本差异率$$

[例 7-9]　假定某工业制造企业甲产品 10 月份耗用直接材料的定额成本为 51 910 元,脱离定额差异为节约 2 590 元,直接材料成本差异率为超支 4%,则:

甲产品应分配的直接材料成本差异 $=(51\ 910-2\ 590)\times 4\%=1\ 972.8$(元)

成本会计

至此,产品实际成本计算公式为:

产品实际成本＝产品定额成本±脱离定额差异±材料成本差异

(四) 定额变动差异的计算

定额变动差异是指企业由于生产技术改进、产品所用材料变化或劳动生产率提高等原因修订消耗定额或计划价格而产生的新旧定额之间的差额。它与生产过程中料、工、费的超支或节约没有关系。

消耗定额或计划价格修订以后,定额成本也随之变化。新定额一般在月初开始实施。在定额变动的月份,如果有月初在产品,由于月初在产品的定额成本是以前月份投入的,还是应该按旧定额计算,但为了将按旧定额计算的月初在产品定额成本与按新定额计算的本月投入产品的定额成本在新定额的基础上统一起来,应该计算月初在产品定额变动差异,用来调整月初在产品定额成本。

[例7-10] 假定某工业制造企业生产甲产品,10月初有在产品100件,每件产品材料定额消耗量4千克,计划单价5元。10月份投产甲产品1 000件,改用一种新型材料,每件产品材料定额消耗量3千克,计划单价6元。

根据以上资料,甲产品直接材料旧定额成本为20元(4×5),新定额成本为18元(3×6),对比以下两组数据:

	数量(件)	单位定额(元)	定额成本(元)
月初在产品	100	20	2 000
本月投产	1 000	18	18 000
合　计	1 100		20 000

由于月初在产品100件是按旧定额计算的,而本月投产1 000件是按新定额计算的,因此计算出来的单位定额为18.181 8元,既不是旧定额,也不是新定额,而是加权平均定额。

为了将月初在产品与本月投入产品在新定额的同一基础上相加,可以在月初在产品定额成本中减去200元[100×(18－20)],而同时在本月投入产品的定额成本中加上200元,这200元就是月初在产品定额变动差异,而总的定额成本不变。

	数量(件)	单位定额(元)	定额成本(元)	月初在产品定额变动差异
月初在产品	100	18	2 000－200	
本月投产	1 000	18	18 000	＋200
合　计	1 100		19 800	＋200

从以上计算可以看出,为了将月初在产品按新定额计算,在定额成本中减去了200元,但又由于新定额是本月份开始实施的,不应该改变月初在产品的定额成本,因而在本月生产费用中增加一个月初在产品定额变动差异200元,总的成本仍然是20 000元(19 800＋200)。

定额变动差异可以通过以下公式来计算:

$$定额变动系数 = \frac{按新定额计算的单位产品定额成本}{按旧定额计算的单位产品定额成本}$$

月初在产品定额变动差异＝按旧定额计算的月初在产品定额成本×（1－定额变动系数）

根据[例7-12]计算如下：

$$定额变动系数 = \frac{18}{20} = 0.9$$

月初在产品定额变动差异＝2 000×（1－0.9）＝200（元）

由以上计算还可以看出，月初在产品定额变动差异是正数，说明新定额比旧定额降低，反之，如果月初在产品定额变动差异是负数，说明新定额比旧定额上升。

[**例7-11**]　假定乙产品的部分零件从10月1日开始实行新的材料消耗定额，单位产品新的材料费用定额为55元，旧的材料费用定额为50元，月初在产品数量150只。

月初在产品定额变动差异计算如下：

$$定额变动系数 = \frac{55}{50} = 1.1$$

月初在产品定额变动差异＝150×50×（1－1.1）＝－750（元）

到这里为止，产品实际成本计算公式如下：

产品实际成本＝产品定额成本±脱离定额差异±材料成本差异±定额变动差异

小思考 7-1

定额法下产品实际成本是怎样计算出来的？

小练习 7-2

甲产品采用定额法计算成本，月初在产品直接材料费用13 500元，从本月1日起修订材料消耗定额和计划单价：

项　目	材料消耗定额	材料计划单价
上月成本资料	13.5（千克）	6.75（元）
本月成本资料	12.15	8.1

计算定额变动系数和月初在产品定额变动差异。

至本章结束，计入产品成本的生产费用的核算以及产品成本计算的各种方法已全部讲完。下一章讲述工业制造企业成本报表的编制和分析。

第八章 工业制造企业成本报表的编制和分析

【学习目标】

通过本章学习，了解成本报表的概念和特点，成本报表的作用、编制要求和种类；熟悉产品生产成本表、主要产品单位成本表编制及分析的具体方法。

第一节 成本报表概述

一、成本报表的概念和特点

工业制造企业的成本报表（cost sheet），是指根据产品成本和经营管理费用等核算资料编制的，用以反映、监督工业企业一定时期内产品成本和经营管理费用水平及其构成情况的报告文件。

成本报表不需要对外报送或公布，主要是满足主管企业的上级机构和企业内部经营管理的需要。因此，成本会计报表有以下三个特点。

（一）成本报表是为企业内部经营管理服务的

一个企业的产品成本水平及其构成情况，是企业的重要机密，它在市场竞争中有着举足轻重的地位。它不需要对外报送或公布，但在企业内部的生产经营管理工作中，产品的成本水平及其构成情况则是十分重要的会计信息。因此，成本报表的正确、及时编制，有助于企业考核成本计划的执行情况，分析成本管理工作取得的成绩和存在的问题，挖掘降低成本费用的潜力，进行成本决策等企业内部经营管理。

（二）成本报表的种类、项目、格式和编制方法，由企业自行决定

财务会计报告中的资产负债表、损益表和现金流量表等，其项目、格式和编制方法均由国家会计制度统一规定。而成本报表的种类、项目、格式和编制方法则由企业自行决定。

主管企业的上级机构为了对本系统所属企业的成本管理工作进行指导，以便给国民经济管理提供所需成本数据，也可以要求企业将成本报表作为会计报表的附表上报。在这种情况下，企业成本报表的种类、项目、格式和编制方法，也可由主管企业的上级机构会同企业共同规定。

（三）成本报表能够综合反映企业生产经营管理活动质量的好坏

企业在生产经营管理活动中，各方面工作业绩的好坏，如：产品产量的大小、产品质量的优劣、劳动生产率的高低、材料及其能源消耗的节约浪费、固定资产利用情况的好坏等，都会通过成本报表中的有关数据和指标反映出来。

二、成本报表的作用

成本报表的作用主要有以下三个方面：

第一，企业主管部门和企业管理者利用成本报表，可以检查、考核企业成本计划和费用预算的执行情况，促使企业降低成本、节约费用，从而提高企业的经济效益。

第二，通过对成本报表的分析，可以揭示工业企业在生产经营管理和技术方面存在的问

题,寻找成本升高、生产费用超支的原因,从而采取相应的措施,进一步提高企业生产技术和经营管理的水平。

第三,成本报表提供的有关成本资料,是企业制定产品价格、进行成本和利润的预测、制定有关的生产经营决策的重要依据。

三、编制成本报表的基本要求

成本报表的编制应符合以下基本要求。

(一)数字真实

成本报表提供的各项指标数字必须客观、真实,不能随意估计,更不能弄虚作假,以供资料使用者准确、有效地利用相关信息。要做到这一点,要求企业平时加强成本核算,做好各项基础工作。

(二)内容完整

成本报表的种类、项目、内容应当根据企业自行决定或主管企业的上级机构会同企业共同规定的格式和要求填制齐全。

(三)编报及时

成本报表虽然不需要对外报送,但也要按规定时间送到报表使用者手中,使之及时了解、掌握与成本有关的信息,提高成本报表的利用价值,及时作出相关决策。

四、成本报表的种类

成本报表的种类、项目、格式和编制方法,由企业自行决定,或由主管企业的上级机构会同企业共同规定。

成本报表按反映的经济内容分类,有反映企业产品成本水平及其构成情况的报表,如:产品生产成本表、主要产品单位成本表;有反映企业生产经营过程中各种费用支出水平及其构成情况的报表,如:制造费用明细表、销售费用明细表、管理费用明细表和财务费用明细表。

成本报表按编制的时间分类,可以分为月度报表、季度报表和年度报表。具体的编制时间以满足企业生产经营管理对于成本信息资料的需求为前提,及时地提供相关信息,以便对成本进行考核、分析及控制。

第二节 成本报表的编制和分析方法

一、产品生产成本表的编制与分析

产品生产成本表是反映工业企业在一定时期内生产的全部产品的总成本和单位成本的

成本会计

报表。

全部产品可分为可比产品和不可比产品。可比产品是指上一年度正式生产过,有上年成本资料可以进行对比的产品。不可比产品是指上一年度没有正式生产过,没有上年成本资料可以进行对比的产品。

产品生产成本表一般按月编制。

小思考 8-1

什么是可比产品?什么是不可比产品?

[例 8-1] 假定某工业制造企业生产甲、乙、丙三种产品,其中甲、乙产品为可比产品,丙产品为不可比产品,有关资料如图表 8-1 所示。

图表 8-1

产品生产成本表(按产品种类反映)

××年 12 月

产品名称	计量单位	实际产量		单位成本				本月总成本			本年累计总成本		
		本月 (1)	本年累计 (2)	上年实际平均 (3)	本年计划 (4)	本月实际 (5)= (9)÷ (1)	本年累计实际平均 (6)= (12)÷ (2)	按上年实际平均单位成本计算 (7)= (1)× (3)	按本年计划单位成本计算 (8)= (1)× (4)	本月实际 (9)	按上年实际平均单位成本计算 (10)= (2)× (3)	按本年计划单位成本计算 (11)= (2)× (4)	本年实际 (12)
甲产品	件	40	400	740	720	730	732	29 600	28 800	29 200	296 000	288 000	292 800
乙产品	件	20	240	660	650	635	640	13 200	13 000	12 700	158 400	156 000	153 600
可比产品成本合计								42 800	41 800	41 900	454 400	444 000	446 400
丙产品	件	10	80		120	122	124		1 200	1 220		9 600	9 920
全部产品成本合计								43 000	43 120			453 600	456 320

根据上述产品生产成本表,可以进行可比产品成本降低额和降低率的分析,计算公式如下:

$$可比产品成本降低额 = 可比产品按上年实际平均单位成本计算的本年累计总成本 - 可比产品本年累计实际总成本$$

$$可比产品成本降低率 = \frac{可比产品成本降低额}{可比产品按上年实际平均单位成本计算的本年累计总成本} \times 100\%$$

根据图表 8-1 的数据,计算如下:

可比产品成本降低额＝454 400－446 400＝8 000(元)

可比产品成本降低率＝$\frac{8\ 000}{454\ 400}\times 100\% =1.76\%$

如果分产品计算可比产品成本降低额和降低率,计算过程如下:

甲可比产品成本降低额＝296 000－292 800＝3 200(元)

甲可比产品成本降低率＝$\frac{3\ 200}{296\ 000}\times 100\% =1.08\%$

乙可比产品成本降低额＝158 400－153 600＝4 800(元)

乙可比产品成本降低率＝$\frac{4\ 800}{158\ 400}\times 100\% =3.03\%$

通过以上计算看出,甲、乙产品可比产品成本降低额、降低率均为正数,说明今年的可比产品成本比去年降低了;如果是负数,则说明今年的可比产品成本比去年提高了。

以上产品生产成本表是按产品种类反映的,还可以按成本项目反映。

> **小练习 8-1**
>
> 甲、乙产品均为可比产品,按上年实际平均单位成本计算的总成本合计为 267 260 元,本期实际总成本为 263 230 元。
>
> 计算可比产品成本降低额和降低率。

[**例 8-2**] 假定某工业制造企业 10 月份全部产品总成本如图表 8-2 所示。

图表 8-2

产品生产成本表(按成本项目反映)

××年 10 月   单位:元

项　　　目	上年实际	本年计划	本月实际	本年累计实际
直接材料	271 400	263 300	22 500	255 000
直接人工	112 400	98 820	9 180	109 000
制造费用	89 800	102 280	7 620	91 200
本月生产费用合计	473 600	464 400	39 300	455 200
加:在产品、自制半成品期初余额	45 290	46 980	40 780	38 800
减:在产品、自制半成品期末余额	39 830	38 430	36 960	37 680
产品生产成本合计	479 060	472 950	43 120	456 320

根据上述按成本项目反映的产品生产成本表,可以进行如下分析:

对于本月实际发生的生产费用,可计算构成比率,构成比率分析法是计算某项指标的各个组成部分占总体的比重,即各成本项目的费用占生产费用合计的比率的方法,通过这种分析,可以反映产品成本的构成是否合理。

以本年累计实际数为例,计算构成比率如下:

直接材料费用比率 $=\dfrac{255\,000}{455\,200}\times100\%=56\%$

直接人工费用比率 $=\dfrac{109\,000}{455\,200}\times100\%=24\%$

制造费用比率 $=\dfrac{91\,200}{455\,200}\times100\%=20\%$

以本年计划数为例,计算构成比率如下:

直接材料费用比率 $=\dfrac{263\,300}{464\,400}\times100\%=57\%$

直接人工费用比率 $=\dfrac{98\,820}{464\,400}\times100\%=21\%$

制造费用比率 $=\dfrac{102\,280}{464\,400}\times100\%=22\%$

再以上年实际数为例,计算构成比率如下:

直接材料费用比率 $=\dfrac{271\,400}{473\,600}\times100\%=57\%$

直接人工费用比率 $=\dfrac{112\,400}{473\,600}\times100\%=24\%$

制造费用比率 $=\dfrac{89\,800}{473\,600}\times100\%=19\%$

以本月实际数为例,计算构成比率如下:

直接材料费用比率 $=\dfrac{22\,500}{39\,300}\times100\%=57\%$

直接人工费用比率 $=\dfrac{9\,180}{39\,300}\times100\%=23\%$

制造费用比率 $=\dfrac{7\,620}{39\,300}\times100\%=19\%$

从以上计算可以看出,本年累计实际构成与上年实际构成相比,直接材料费用比重下降1%,直接人工费用比重基本不变,制造费用比重上升1%。

本年累计实际构成与本年计划构成相比,直接材料下降1%,直接人工上升3%,制造费用下降2%,本月实际则与本年累计实际构成情况相近。

企业还可以将产品生产成本与产值、销售收入或利润进行对比,计算相关指标比率,相关指标比率分析法是计算两个性质不同但相关的指标的比率。

[例 8-3] 假定该工业制造企业利润总额为:上年实际 86 200 元,本年计划 94 500 元,本月实际 8 100 元,本年累计实际 95 800 元。

成本利润率计算过程如下:

上年实际成本利润率 $=\dfrac{86\,200}{479\,060}\times100\%=18\%$

本年计划成本利润率 $=\dfrac{94\,500}{472\,950}\times100\%=20\%$

本月实际成本利润率 $=\dfrac{8\,100}{43\,120}\times100\%=19\%$

本年累计实际成本利润率$=\dfrac{95\ 800}{456\ 320}\times100\%=21\%$

由以上计算可以看出,该企业本年累计成本利润率比上年实际成本利润率高3%,比本年计划高1%,但本月实际比本年累计低2%。成本利润率这个相关指标分子是利润,分母是产品成本。它反映企业每投入一百元成本产生的利润是多少,这个比率越高,企业的经济效益就越好。

二、主要产品单位成本表的编制与分析

主要产品单位成本表是反映工业企业在一定时期内生产的各种主要产品的单位成本及其构成情况的报表。

主要产品是指企业不断生产,在企业全部产品中所占比重较大的产品。

主要产品单位成本表应按主要产品分别编制,它是对按产品种类反映的产品生产成本表中主要产品的补充说明。

[例8-4] 假定某工业制造企业生产的甲产品在企业全部产品中所占比重较大,作为企业的主要产品,其单位成本资料如图表8-3所示。

图表8-3

主要产品单位成本表

××年12月

产品名称:甲
计量单位:件

本月实际产量:40件
本年累计实际产量:400件

成本项目	历史先进水平	上年实际平均	本年计划	本月实际	本年累计实际平均
直接材料	400	422	410	416	410
直接人工	166	178	150	168	175
制造费用	160	140	160	146	147
产品生产成本	726	740	720	730	732

根据以上主要产品单位成本表,可作如下分析:

本年累计实际平均单位成本与上年实际平均单位成本比为$\dfrac{732}{740}\times100\%=99\%$,降低了1%。其中:直接材料$\dfrac{410}{422}\times100\%=97\%$,降低了3%;直接人工$\dfrac{175}{178}\times100\%=98\%$,降低了2%;制造费用$\dfrac{147}{140}\times100\%=105\%$,上升了5%。

本年累计实际平均单位成本与本年计划单位成本比为$\dfrac{732}{720}\times100\%=102\%$,上升了2%。其中:直接材料$\dfrac{410}{410}\times100\%=100\%$,保持不变;直接人工$\dfrac{175}{150}\times100\%=117\%$,上升了17%;制造费用$\dfrac{147}{160}\times100\%=92\%$,降低了8%。

本年累计实际平均单位成本与历史先进水平比为 $\frac{732}{726}\times100\%=101\%$，上升了 1%。其中：直接材料 $\frac{410}{400}\times100\%=103\%$，上升了 3%；直接人工 $\frac{175}{166}\times100\%=105\%$，上升了 5%；制造费用 $\frac{147}{160}\times100\%=92\%$，降低了 8%。

从以上计算分析可以看出，本年累计实际平均单位成本比去年下降，但比计划和历史先进水平均上升。通过各成本项目费用的对比，可以找出上升或下降是由哪个因素引起的，从而再作进一步的分析。如：分析直接材料成本项目时，单位产品直接材料费用受两个因素影响，一个是材料的消耗数量，一个是材料的价格；分析直接人工或制造费用成本项目时，直接人工或制造费用也受两个因素影响，一个是单位产品所耗工时，一个是每小时直接人工（或制造费用）率。这时候需要采用差额计算分析法进行分析。差额计算分析法是指根据各项因素的实际数与基数的差额来计算各项因素影响程度的方法，是连环替换分析法的一种简化的计算方法。

[例 8-5] 假定某工业制造企业甲产品直接材料的本年成本计划规定的和本月实际发生的材料消耗量、材料单价如图表 8-4 所示。

图表 8-4

直接材料计划与实际费用对比表

项　目	单位产品材料消耗量	材料单价	单位产品直接材料费用
本年计划	20（千克）	20.5（元/千克）	410（元）
本月实际	25	16.64	416
直接材料费用差异			+6

从上表得知，甲产品单位产品直接材料费用本月实际比本年计划超支 6 元。由于：

单位产品直接材料费用＝单位产品材料消耗量×材料单价

即单位产品直接材料费用受两方面因素影响。因此用差额计算分析法计算这两方面因素变动对直接材料费用超支的影响如下：

材料消耗量变动的影响＝（25－20）×20.5＝102.5（元）

材料价格变动的影响＝25×（16.64－20.5）＝－96.5（元）

两因素影响程度合计＝102.5－96.5＝6（元）

通过以上计算可以看出，甲产品直接材料费用实际比计划超支 6 元，其中：由于单位产品材料消耗量实际比计划多消耗了 5 千克，使得直接材料费用实际比计划超支 102.5 元；由于材料单价实际比计划降低了 3.86 元，使得直接材料费用实际比计划节约 96.5 元。两个因素共同影响的结果，使直接材料费用实际比计划超支 6 元。要降低单位产品直接材料费用，应从降低材料消耗量入手。

[例 8-6] 假定该工业制造企业甲产品生产采用计时工资制，每件产品所耗工时数、每

小时直接人工费用的计划数和实际数如图表 8-5 所示。

图表 8-5

直接人工费用计划与实际对比表

项　　目	单位产品所耗工时	每小时直接人工费用	单位产品直接人工费用
本年计划	12.5（小时）	12（元）	150（元）
本月实际	16	10.5	168
直接人工费用差异			＋18

从上表得知,甲产品直接人工费用本月实际比本年计划超支 18 元,由于:

单位产品直接人工费用＝单位产品所耗工时数×每小时直接人工费用

即单位产品直接人工费用影响因素也是两个方面。用差额计算分析法计算这两个方面因素变动对直接人工费用超支的影响如下:

单位产品所耗工时变动的影响＝(16－12.5)×12＝42(元)

每小时直接人工费用变动的影响＝16×(10.5－12)＝－24(元)

两因素影响程度合计＝42－24＝18(元)

通过以上计算可以看出,甲产品直接人工费用实际比计划超支 18 元,其中:由于单位产品所耗工时实际比计划多了 3.5 小时,使得直接人工费用实际比计划超支 42 元;由于每小时直接人工费用实际比计划低 1.5 元,使得直接人工费用实际比计划节约 24 元。两个因素共同影响的结果,使直接人工费用实际比计划超支 18 元。要降低单位产品直接人工费用,应从降低产品所耗工时入手。

[**例 8-7**]　假定该工业制造企业甲产品制造费用与计时工资制下直接人工费用相类似,每件产品所耗工时数、每小时制造费用的计划数和实际数如图表 8-6 所示。

图表 8-6

制造费用计划与实际对比表

项　　目	单位产品所耗工时	每小时制造费用	单位产品制造费用
本年计划	12.5（小时）	12.8（元）	160（元）
本月实际	16	9.125	146
制造费用差异			－14

从上表得知,甲产品制造费用实际比计划节约 14 元,由于单位产品制造费用也受两个因素影响,用差额计算分析法计算这两个因素变动对制造费用节约的影响如下:

单位产品所耗工时变动的影响＝(16－12.5)×12.8＝44.8(元)

每小时制造费用变动的影响＝16×(9.125－12.8)＝－58.8(元)

两因素影响程度合计＝44.8－58.8＝－14(元)

通过以上计算可以看出,甲产品制造费用实际比计划节约 14 元,其中:由于单位产品所耗工时实际比计划多 3.5 小时,使得制造费用实际比计划超支 44.8 元;由于每小时制造费用实际比计划低 3.675 元,使得制造费用实际比计划节约 58.8 元。两个因素共同影响的结果,使制造费用实际比计划节约 14 元。

以上三个成本项目对单位产品成本的影响分别为超支 6 元,超支 18 元,节约 14 元,合计超支 10 元,与图表 8-3 中甲产品本年计划单位成本 720 元和本月实际单位成本 730 元的差额是一致的。

三、制造费用明细表的编制与分析

制造费用明细表是指反映工业制造企业在一定时期内发生的制造费用及其构成情况的报表。编制制造费用明细表的目的,是为了分析各项费用的构成和增减变动,考核制造费用计划的执行情况,以便采取相应措施,控制和降低费用支出,从而降低产品成本。

[例 8-8]　假定某工业制造企业某年 12 月制造费用明细表如图 8-7 所示。

图表 8-7

制造费用明细表

××年 12 月　　　　　　　　　　　　　　　　　　　　　　单位:元

费用项目	上年实际	本年计划	本月实际	本年累计实际
工资	8 970	8 200	758	9 764
职工福利费	1 256	1 150	106	1 368
折旧费	6 287	6 300	556	6 912
修理费	4 644	4 700	398	4 551
机物料消耗	4 248	4 300	345	4 627
低值易耗品摊销	2 520	2 500	218	2 572
劳动保护费	5 356	5 300	464	5 337
租赁费	5 000	5 000	420	5 250
水电费	5 020	5 000	415	4 819
办公费	4 188	4 200	369	3 969
差旅费	3 726	3 600	325	4 471
运输费	2 264	2 300	198	1 811
保险费	6 300	6 000	530	7 245
设计制图费	7 280	7 000	610	7 062
试验检验费	4 190	4 000	348	3 645
其他	551	500	60	637
合计	71 800	70 050	6 120	74 040

对制造费用明细表进行分析所采用的方法,主要有对比分析法和构成比率分析法。

采用对比分析法进行分析时,可以将本年实际数与本年计划数相比较,确定实际脱离计划的差异,再分析产生差异的原因。例如,上表中本年计划数为 70 050 元,本年实际数为 74 040 元,实际超过计划为 3 990 元。进一步分析各费用项目,可以看到,工资费用实际比计划超支1 564元,福利费超支 218 元,折旧费超支 612 元等。

也可以将本年实际数与上年实际数相比较,分析制造费用的增减变动情况。

采用构成比率分析法进行分析时,可以计算某项费用占制造费用合计数的构成比率,然后将本月实际或本年累计实际构成比率与本年计划或上年实际构成比率进行对比,揭示差异和增减变化,并分析差异和增减变化是否合理。如:上表中本年计划差旅费 3 600 元,占合计数的 5%,本年实际 4 471 元,占合计数的 6%,超支 1 个百分点;工资及福利费计划数 9 350 元,占合计数的 13%,本年实际 11 132 元,占合计数的 15%,超支 2 个百分点等。

通过分析比较,可以看到制造费用的增减变化情况、计划执行情况,以及构成比率的发展变化情况等。

第九章 商品流通企业成本核算

【学习目标】

通过本章学习,了解商品流通企业成本核算的特点,知晓商品流通企业成本核算的内容,理解商品批发业务和商品零售业务中采购成本的核算和销售成本的核算;会对商品流通企业相关的成本业务进行账务处理;会运用数量进价金额核算法、毛利率法等方法计算商品批发业务中的采购成本和销售成本;会运用售价金额核算法计算商品零售业务中的采购成本和销售成本。

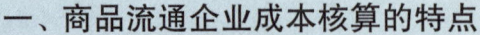

第一节　商品流通企业成本核算概述

一、商品流通企业成本核算的特点

商品流通企业(commodity circulation enterprises)是通过以低价格购进商品、以高价格出售商品的方式实现商品进销差价,用以补偿商品购进成本和商品流通费用并获得利润的企业。具体包括粮食物资供销企业、日用百货商业企业、对外贸易企业、医药商业、石油商业、烟草商业、图书发行企业等。

商品流通企业按照其经营方式不同,可以分为批发企业和零售企业两种类型,它们各自的经营方式是不同的。批发企业以从事商品批发业务为主,使商品从制造领域进入流通领域;零售企业以从事商品零售业务为主,使商品离开流通领域进入消费领域。

有的商品流通企业既从事商品批发业务,又从事商品零售业务,称为批零兼营企业。

商品流通企业成本核算的特点,可以通过与制造业(manufacturing industry)成本核算进行比较来了解。

制造业的基本生产经营活动是生产和销售产品,在产品的生产过程中,即从原材料投入生产到产品制造完工的过程中,要发生各种各样的生产耗费如生产过程中消耗的原材料的价值、为获得职工提供的劳务而给予的各种形式的报酬及其他相关支出、用于产品生产的机器设备和其他固定资产的折旧费等。概括地说,制造业的成本是企业为生产产品、提供劳务而发生的料、工、费等各种耗费与支出。

商品流通企业与制造业相比,省去了产品的生产过程,经营过程分为购进和销售两个环节,其经营资金的运动形态主要表现为:

货币资金——商品资金——货币资金

在购进过程中,企业用货币购进商品,支付货款,使货币资金转化为商品资金。在销售过程中,企业将商品销售出去,收回货币,这时商品资金又转化为货币资金。因而商品流通企业成本核算较制造业企业的简单,主要是围绕商品采购成本和商品销售成本进行。

二、商品流通企业成本核算的内容

商品流通企业成本核算的内容主要包括商品采购成本和商品销售成本。

(一)商品采购成本

商品采购成本(commodity purchase cost)是指商品流通企业购进商品的成本,即购进商品的进价。若购进商品时取得增值税专用发票,则按取得商品时所支付的价税合计款扣除增值税专用发票上注明的增值税额,作为商品购进入账价格。

企业在购买商品过程中发生的运输费、装卸费、包装费、保险费、运输途中的合理损耗和入库前的挑选整理费等,在发生时直接计入当期销售费用,不计入所购商品的成本。

（二）商品销售成本

商品销售成本（cost of goods sold）是指已销商品的进价成本。

商品流通企业购入商品是为了对外销售实现收入和利润。购入商品尚未对外销售之前是企业的存货（即库存商品），对外销售了所购入的商品，实现了销售收入，就应结转所售商品的购入成本，构成了商品销售成本。

由于商品采购时间和采购地点的不同，同种商品的各批进价往往不一致，因此需要采用一定的方法确定已销商品的进货成本，并根据进货成本和销售数量，计算商品的销售成本。商品流通企业可采用先进先出法、移动加权平均法、月末一次加权平均法、个别计价法、毛利率法和售价金额核算法等方法来确定商品销售成本。

（三）商品流通费用

商品流通费用（cost in commodity circulation）是商品流通企业在组织商品流转过程中发生的各种费用支出，亦称商品流通企业的期间费用，一般包括销售费用（selling expenses）、管理费用（administration expenses）和财务费用（financial expenses）。这些期间费用不计入商品流通企业商品的采购成本，作为期间费用（period expenses）直接计入当期损益（current profits and losses）。但由于期间费用与商品销售成本之间有着密切的关系，直接关系到商品流通企业利润的高低，因此，也是商品流通企业成本核算的内容。商品流通费用的具体项目和内容如图表 9-1 所示。

图表 9-1

商品流通费用明细表

项目名称	项目内容
一、销售费用	销售费用是指商业企业在进、销、存环节中所发生的各项费用。
1. 运杂费	企业销售商品使用车船、畜力、人力和空运所支付的运费，以及与运输费有关的各项杂费，包括调车费，放空费，车船清扫费，站台、码头、专用线租赁费等费用。
2. 装卸费	商品由起运站到装上运输工具或运输工具卸入到达站或码头、仓库以及市内商品运输、装卸搬运的费用。
3. 整理费	商品在挑选、整理、分类、分等过程中支付的费用。
4. 包装费	包装用品费、包装物折损费与修补费、包装物租用费，以及不能计入包装物进价的包装物运杂费。

项目名称	项目内容
5. 保险费	企业向保险公司投保商品和固定资产等而支付的保险费。
6. 展览费	企业为扩大商品购销业务所支付的展览会会务费以及展览品折价损失。
7. 仓储保管费	商品在储存过程中支付的保管费用,包括倒库、晾晒、冷藏、保暖、委托保管,以及商品畜禽的饲料费用。
8. 检验费	商品检验、化验所支付的费用。
9. 广告费	为扩大商品购销业务支付的广告费和样品费。
10. 商品损耗	商品在运输、保管、销售过程中发生的定额损耗以及经批准核销的超额损耗。
11. 出口商品累计佣金	商品进口、出口时通过中间商进行交易时所付的佣金,按一定时期内各笔交易累计金额计算的累计佣金。
12. 销售人员工资及福利费	按规定支付给销售人员工资和工资性质的各项补贴,以及按照规定标准使用的福利费。
二、管理费用	管理费用是指商业企业为组织和管理经营活动所发生的各项费用。
1. 管理人员工资及福利费	企业行政管理部门人员的工资和工资性质的各项补贴,以及按规定标准使用的福利费。
2. 业务招待费	企业为业务经营的合理需要,按年营业收入的规定比例列支的费用。
3. 董事会会费	企业最高权力机构及其成员为履行职能而发生的各项费用。
4. 工会经费	按企业职工工资总额规定的比例计提使用的工会经费,现行比例为职工工资总额的2%计提使用。
5. 职工教育经费	企业为职工学习先进技术和提高文化水平而支付的费用,现行规定为按职工工资总额的8%计提使用。
6. 劳动保险费	企业确因工作需要为雇员配备或提供工作服、手套、安全保护用品、防暑降温用品等所发生的支出。
7. 涉外费	企业出国费用、接待外宾费和驻外代表处开支的费用。
8. 租赁费	企业租赁办公用房、低值易耗品、职工集体宿舍、营业用房的租赁费支出。
9. 咨询费	企业为取得科技、信息资料支付给咨询部门的咨询费。
10. 诉讼费	企业与外单位用法律手段解决经济纠纷,向法院支付的费用。
11. 低值易耗品摊销	企业按规定摊销的低值易耗品价值。
12. 折旧费	企业按规定计提的固定资产折旧费。
13. 无形资产摊销	企业按规定摊销的无形资产价值。
14. 修理费	企业固定资产和低值易耗品等财产的修理费用。
15. 消防费	企业为消防安全支付的费用。
16. 房产税	企业按规定缴纳的房产税。
17. 土地使用税	按规定缴纳的土地使用税。
18. 印花税	企业按规定缴纳的印花税。

项目名称	项目内容
19. 车船使用税	企业按规定缴纳的车船使用税。
20. 审计费	企业聘请中国注册会计师进行查账验资、汇算清缴以及进行资产评估等发生的各项费用。
21. 开办费	企业在筹建期内发生的开办费。
22. 职工社会保险费	企业按国家规定缴纳的职工社会保险金,如养老保险、医疗保险、失业保险等
三、财务费用	财务费用是指商业企业在经营活动中为筹集资金而发生的各项费用。
1. 利息费用	企业利息支出减利息收入后的差额。
2. 汇兑损失	企业向银行结售或购入外汇而产生的银行买入、卖出价与记账所采用的汇率之间的差额,以及月(季、年)度终了,各种外币账户的外币期末余额,按照期末规定汇率折合的记账人民币金额与原账面人民币金额之间的差额等。
3. 金融机构手续费	金融机构为企业办理业务时收取的费用。

第二节　商品批发企业成本核算

商品批发企业(commodity wholesale enterprises)成本核算一般采用数量进价金额核算法。

数量进价金额(quantity purchase price amount)核算法是指库存商品明细账按每类商品的品种规格等分户,设置数量、金额明细账,同时用进价和实物数量两种计量来反映和控制库存商品的增减变动及结存情况的一种方法。

这种核算方法要求每笔购销业务均提供反映各种商品的数量和金额的收付凭证作为记账依据,并按商品品种逐笔登记明细账,因此核算工作量较大。这种核算方法适用于能按商品品种提供收付数量及金额的商品流通企业。

一、商品批发企业采购成本核算

[例9-1]某家电批发企业2020年9月1日从某电视机厂购入商品,取得增值税专用发票一张,发票上面所列资料如下:

48英寸高清电视机100台,进货单价2 500元,金额合计250 000元,增值税进项税额32 500元;55英寸高清电视机200台,进货单价3 700元,金额合计740 000元,增值税进项税额96 200元。以上商品均已验收入库,价税合计金额共计1 118 700元签发转账支票付款。

根据以上业务,编制记账凭证如图表9-2所示:

图表 9-2

记账凭证

2020 年 9 月 1 日

摘要	总账科目	明细科目	借方金额	贷方金额
购进商品	库存商品	48 英寸高清电视机	250 000	
		55 英寸高清电视机	740 000	
	应交税费	应交增值税（进项税额）	128 700	
	银行存款			1 118 700
合计			¥1 118 700	¥1 118 700

财务主管　　记账　　出纳　　审核　　制单

在库存商品明细账上，既要登记商品的数量，又要登记商品的进价金额，故称为"数量进价金额核算法"。根据以上记账凭证，在库存商品明细账上反映如图表 9-3 和图表 9-4 所示：

图表 9-3

库存商品明细账

类别：家用电器　　　　　品名：48 英寸高清电视机　　　　　金额单位：元

2020 年		凭证号	摘要	收入			发出			结存		
月	日			数量	单价	金额	数量	单价	金额	数量	单价	金额
9	1	略	购进商品	100	2 500	250 000				100	2 500	250 000

图表 9-4

库存商品明细账

类别：家用电器　　　　　品名：55 英寸高清电视机　　　　　金额单位：元

2020 年		凭证号	摘要	收入			发出			结存		
月	日			数量	单价	金额	数量	单价	金额	数量	单价	金额
9	1	略	购进商品	200	3 700	740 000				200	3 700	740 000

二、商品批发企业销售成本核算

采用数量进价金额核算法，即使是同一种商品，由于进货时间、进货地点和进货批次的不同，单价会不一样。因此，可以采用先进先出法、移动加权平均法、月末一次加权平均法、个别计价法、毛利率法等方法来确定已销商品的成本。前面四种方法在教材第三章第一节中已作介绍，这里重点讲毛利率法。

毛利率的计算公式如下：

毛利 = 销售额 - 进价

毛利率 = （毛利 ÷ 销售额）× 100%

毛利率法是指根据本月销售总额乘以上季度实际毛利率(rate of gross profit)来计算本月商品销售毛利,并据以计算本月商品销售成本和期末结存商品成本的一种方法。它通常是按全部商品或大类商品来计算商品销售成本,而不是按每种商品逐一计算商品销售成本。用公式表示如下：

本期商品销售毛利 = 本期商品销售收入 × 上季实际毛利率

本期商品销售成本 = 本期商品销售收入 - 本期商品销售毛利

或： **本期商品销售成本 = 本期商品销售收入 ×（1 - 上季实际毛利率）**

这种方法简化了成本计算手续,但计算结果不够准确。因此毛利率法只能在季度的前两个月采用,季末最后一个月再用其他方法(如先进先出法、加权平均法等)进行调整,这样将该季度前两个月用毛利率法计算的商品销售成本与实际商品销售成本的差额在该季度第三个月进行了调整,使整个季度的商品销售成本和该季度季末结存商品的成本接近实际。

[**例 9-2**]某批发企业 2020 年 7 月份 A 类商品销售额为 400 万元,第二季度 A 类商品的销售总额为 900 万元,商品销售成本为 675 万元。

A 类商品上季实际毛利率 =（900 - 675）÷ 900 = 25%

7 月份 A 类商品销售成本 = 400 ×（1 - 25%）= 300(万元)

根据以上计算结果,编制 7 月份结转商品销售成本的记账凭证如图表 9-5 所示：

图表 9-5

记账凭证

2020 年 7 月 31 日

摘要	总账科目	明细科目	借方金额	贷方金额
结转成本	主营业务成本	A 类商品	3 000 000	
	库存商品	A 类商品		3 000 000
合计			￥3 000 000	￥3 000 000

财务主管　　　记账　　　出纳　　　审核　　　制单

[**例 9-3**]某批发企业 2020 年 8 月初 B 类商品结存 150 万元,8 月份购进 350 万元,8 月份取得销售收入 600 万元,上季度 B 类商品的实际毛利率为 28%。

8 月份销售收入 600(万元)

销售毛利 = 600 × 28% = 168(万元)

8 月份销售成本 = 销售收入 - 销售毛利 = 600 - 168 = 432(万元)

8 月末库存商品成本 = 期初结存商品成本 + 本期购进商品成本 - 本期销售商品成本

= 150 + 350 - 432 = 68(万元)

从上例计算可以看出：

由于毛利＝销售额－进价，因此：进价＝销售额－毛利。

即得出：销售成本＝销售收入－销售毛利

根据计算出的 8 月份销售成本，编制记账凭证如图表 9-6 所示：

图表 9-6

记账凭证

2020 年 8 月 31 日

摘要	总账科目	明细科目	借方金额	贷方金额
结转成本	主营业务成本	B 类商品	4 320 000	
	库存商品	B 类商品		4 320 000
合计			￥4 320 000	￥4 320 000

财务主管　　记账　　出纳　　审核　　制单

[例 9-4]某批发企业 2020 年 7 月份销售 C 类商品 300 万元，8 月份销售 C 类商品 360 万元，第二季度 C 类商品实际毛利率为 24％。第三季度季初结存商品 310 万元，本季购进商品总额 780 万元，9 月末（季末）采用加权平均法计算，C 类商品中，甲商品结存数量 370 件，加权平均单价 3 150 元；乙商品结存数量 190 件，加权平均单价 6 800 元。

7 月份、8 月份商品销售成本采用毛利率法，计算结果如下：

7 月份商品销售成本＝300×（1－24％）＝228（万元）

8 月份商品销售成本＝360×（1－24％）＝273.6（万元）

第三季度 7、8 月份结转商品销售成本的记账凭证分别如图表 9-7 和图表 9-8 所示：

图表 9-7

记账凭证

2020 年 7 月 31 日

摘要	总账科目	明细科目	借方金额	贷方金额
结转成本	主营业务成本	C 类商品	2 280 000	
	库存商品	C 类商品		2 280 000
合计			￥2 280 000	￥2 280 000

财务主管　　记账　　出纳　　审核　　制单

图表 9-8

记账凭证

2020 年 8 月 31 日

摘要	总账科目	明细科目	借方金额	贷方金额
结转成本	主营业务成本	C 类商品	2 736 000	
	库存商品	C 类商品		2 736 000
合计			￥2 736 000	￥2 736 000

财务主管　　记账　　出纳　　审核　　制单

9 月份商品销售成本采用加权平均法,计算结果如下:

甲商品 9 月份(季末)结存金额＝370×3 150＝116.55(万元)

乙商品 9 月份(季末)结存金额＝190×6 800＝129.2(万元)

C 类商品 9 月份(季末)结存金额＝116.55＋129.2＝245.75(万元)

第三季度商品销售成本＝季初结存商品成本＋本季购进商品成本－季末结存商品成本

$$＝310＋780－245.75＝844.25(万元)$$

9 月份商品销售成本＝第三季度商品销售成本－7 月份商品销售成本－8 月份商品销售

成本＝844.25－228－273.6＝342.65(万元)

第三季度 9 月份结转商品销售成本的记账凭证如图表 9-9 所示:

图表 9-9

记账凭证

2020 年 9 月 30 日

摘要	总账科目	明细科目	借方金额	贷方金额
结转成本	主营业务成本	C 类商品	3 426 500	
	库存商品	C 类商品		3 426 500
合计			￥3 426 500	￥3 426 500

财务主管　　　记账　　　出纳　　　审核　　　制单

[例 9-5]某批发企业采用数量进价金额核算法,季度前两个月商品销售成本采用毛利率计算法,季度最后一个月商品销售成本采用先进先出法计算。该企业拉杆箱大类商品 10 月份销售额为 400 000 元,11 月份销售额为 370 000 元,上季度(第三季度)实际毛利率为 18%。2020 年第四季度库存商品拉杆箱二级账和 20 寸、24 寸、28 寸拉杆箱明细账如图表 9-10 至图表 9-13 所示:

图表 9-10

库存商品二级账

类别:拉杆箱

2020 年		凭证号	摘要	借方	贷方	借或贷	余额
月	日						
10	1		期初结存			借	116 900
	8		购进	258 600		借	375 500
	31		结转成本		328 000	借	47 500
11	10		购进	324 600		借	372 100
	30		销售		303 400	借	68 700
12	6		购进	354 000		借	422 700
	31		销售		384 300	借	38 400

图表 9-11

库存商品明细账

类别:拉杆箱　　　　　品名:20 寸拉杆箱　　　　　金额单位:元

2020 年		凭证号	摘要	收入			发出			结存		
月	日			数量	单价	金额	数量	单价	金额	数量	单价	金额
10	1		结存							100	400	40 000
	8		购进	200	380	76 000				300		
	31		销售				240			60		
11	10		购进	240	370	88 800				300		
	30		销售				220			80		
12	6		购进	250	360	90 000				330		
	31		销售				300			30	360	10 800

图表 9-12

库存商品明细账

类别:拉杆箱　　　　　品名:24 寸拉杆箱　　　　　金额单位:元

2020 年		凭证号	摘要	收入			发出			结存		
月	日			数量	单价	金额	数量	单价	金额	数量	单价	金额
10	1		结存							80	480	38 400
	8		购进	250	460	115 000				330		
	31		销售				300			30		
11	10		购进	320	450	144 000				350		
	30		销售				300			50		
12	6		购进	350	440	154 000				400		
	31		销售				360			40	440	17 600

图表 9-13

库存商品明细账

类别:拉杆箱　　　　　品名:28 寸拉杆箱　　　　　金额单位:元

2020 年		凭证号	摘要	收入			发出			结存		
月	日			数量	单价	金额	数量	单价	金额	数量	单价	金额
10	1		结存							70	550	38 500
	8		购进	130	520	67 600				200		
	31		销售				150			50		
11	10		购进	180	510	91 800				230		
	30		销售				200			30		
12	6		购进	220	500	110 000				250		
	31		销售				230			20	500	10 000

10 月份拉杆箱大类商品销售成本＝400 000×(1－18％)＝328 000(元)

11 月份拉杆箱大类商品销售成本＝370 000×(1－18％)＝303 400(元)

12 月末采用先进先出法计算月末库存商品成本如下:

20 寸拉杆箱月末库存商品成本＝30×360＝10 800(元)

24 寸拉杆箱月末库存商品成本＝40×440＝17 600(元)

28 寸拉杆箱月末库存商品成本＝20×500＝10 000(元)

拉杆箱大类商品月末库存商品成本＝10 800＋17 600＋10 000＝38 400(元)

根据拉杆箱大类商品月末结存金额,倒挤出 12 月份拉杆箱大类商品销售成本如下:

拉杆箱大类商品销售成本＝422 700－38 400＝384 300(元)

采用数量进价金额核算法时,"库存商品"总账和类目账均按商品的进价金额记账,而明细账要同时使用实物数量和进价金额两种量度记账(如以上所举案例所示),既能反映商品价值的增减变动,又能具体反映各种商品数量的变动情况。但采用这种方法,要定期核对"库存商品"总账、类目账、明细账,定期实地盘点库存商品实物,以确保账账相符、账实相符。

第三节　商品零售企业成本核算

商品零售企业成本核算一般采用售价金额核算法。

售价金额核算法又称"售价记账、实物负责制",是指平时商品的购入、销售均按售价记账,售价与进价的差额通过"商品进销差价"科目核算。期末计算进销差价率和本期已销商品应分摊的进销差价,并据以调整本期销售成本的一种方法。

采用这种方法,"库存商品"明细账不记数量,总账和明细账借方发生额、贷方发生额及余额均按售价金额进行核算。

一、商品零售企业采购成本核算

商品零售企业一般采用售价金额核算法。

售价金额(selling price)核算法是以商品售价对库存商品进行核算,在实物负责制的基础上,以售价总金额控制实物负责人经营商品的一种核算方法,也称"售价金额核算实物负责制"。

采用这种方法,除了对库存商品进行总分类核算外,还要按实物负责人如柜台班组等进行明细核算,总账和明细账均按售价金额进行核算,不记录数量。由于"库存商品"账户按售价反映,而商品购进支付的货款是按进价计算的;因此,设置"商品进销差价"账户,以反映商品进价与售价之间的差价,正确计算销售商品的进价成本。另外,"库存商品"明细分类账按售价记账,没有数量控制,因此必须建立健全定期盘点制度,确保库存商品安全完整和账实相符。

采用售价金额核算法,对购进商品,通过"在途物资""库存商品""商品进销差价"等账户进行核算。

[**例 9-6**]某零售企业 2020 年 6 月购进成本为 2 500 000 元的家用电器一批,增值税进项

税额为 325 000 元,收到增值税专用发票,货款于 6 月 1 日以转账支票支付,商品于 6 月 3 日验收入库,该批商品售价为 3 000 000 元。

根据以上经济业务编制记账凭证如图表 9-14 和图表 9-15 所示:

图表 9-14

记账凭证
2020 年 6 月 1 日

摘要	总账科目	明细科目	借方金额	贷方金额
购进商品	在途物资		2 500 000	
	应交税费	应交增值税(进项税额)	325 000	
	银行存款			2 825 000
	合计		¥2 825 000	¥2 825 000

财务主管　　记账　　出纳　　审核　　制单

图表 9-15

记账凭证
2020 年 6 月 3 日

摘要	总账科目	明细科目	借方金额	贷方金额
商品验收	库存商品	家电柜	3 000 000	
	在途物资			2 500 000
	商品进销差价	家电柜		500 000
	合计		¥3 000 000	¥3 000 000

财务主管　　记账　　出纳　　审核　　制单

二、商品零售企业销售成本核算

采用售价金额核算法时,平时"库存商品"账户的借方即购进商品按售价记账,"库存商品"账户的贷方即结转商品销售成本也按售价记账,这样"主营业务成本"账户反映的是商品的售价。

[例 9-7]某零售企业 2020 年 6 月份家电柜销售商品共取得销售收入 400 万元,月末编制结转销售商品成本的记账凭证如图表 9-16 所示:

图表 9-16

记账凭证
2020 年 6 月 30 日

摘要	总账科目	明细科目	借方金额	贷方金额
月末调整	主营业务成本		4 000 000	
	库存商品	家电柜		4 000 000
	合计		¥4 000 000	¥4 000 000

财务主管　　记账　　出纳　　审核　　制单

月末,应通过计算和结转已销商品的进销差价,将"主营业务成本"账户反映的商品销售成本由商品的售价调整为商品的进价。

已销商品进销差价的计算可通过期末计算进销差价率来确定,计算公式如下:

进销差价率＝月末分摊前"商品进销差价"账户贷方余额÷(月末"库存商品"账户借方余额＋本月"主营业务收入"账户贷方发生额)×100%

本期已销商品应分摊的进销差价＝本期"主营业务收入"账户贷方发生额×进销差价率

本期已销商品实际成本＝本期商品销售收入－本期已销商品应分摊的进销差价

进销差价率又可分为综合差价率和分类(分柜组)差价率,综合差价率是按全部商品计算的,分类差价率是按各类(各柜组)分别计算的。分类(分柜组)差价率的计算结果要比综合差价率的计算结果正确,因为同类商品的进销差价率比较接近。

[**例 9-8**]某零售企业采用综合差价率计算商品进销差价,2020 年 7 月末结转前有关总分类账户的余额为:"库存商品"账户借方余额 100 万元,"商品进销差价"账户贷方余额为 90 万元,"主营业务收入"账户贷方发生额为 500 万元。

进销差价率＝90÷(100＋500)×100%＝15%

已销商品应分摊的进销差价＝500×15%＝75(万元)

本期已销商品实际成本＝500－75＝425(万元)

根据以上经济业务编制记账凭证如图表 9-17 所示:

图表 9-17

记账凭证

2020 年 7 月 31 日

摘要	总账科目	明细科目	借方金额	贷方金额
月末调整	商品进销差价		750 000	
	主营业务成本			750 000
合计			¥750 000	¥750 000

财务主管　　　记账　　　出纳　　　审核　　　制单

分摊后"商品进销差价"账户贷方余额为 15 万元(90 万元－75 万元),为"库存商品"账户借方余额 100 万元(售价金额)的备抵调整账户,即期末结存商品应分摊的进销差价为 15 万元(100 万元×15%)。

小思考 9-1

上述公式可以这样表达吗?

进销差价率＝月末分摊前"商品进销差价"账户贷方余额÷(月末"库存商品"账户借方余额＋本月"主营业务成本"账户借方发生额)×100%

本期已销商品应分摊的进销差价＝本期"主营业务成本"账户借方发生额×进销差价率

本期已销商品实际成本＝本期已销商品售价成本－本期已销商品应分摊的进销差价

进销差价率的的计算还可以如下表示:

进销差价率＝(月初结存商品进销差价＋本月购进商品进销差价)÷(月初结存商品售价＋本月购进商品售价)×100%

已销商品应分摊的进销差价＝"主营业务成本"借方发生额×进销差价率

[例 9-9]某零售企业采用综合差价率计算商品进销差价,2020 年 8 月 1 日"库存商品"账户借方余额 56 500 元,"商品进销差价"账户贷方余额 18 500 元。本月份发生经济业务如下:

(1) 8 月 10 日购进商品 200 000 元,增值税进项税额 26 000 元,价税合计 226 000 元,另发生采购费用 5 000 元,一并以银行存款支付,商品尚未验收入库。

(2) 8 月 12 日上述采购商品已验收入库,该商品含增值税售价为 282 500 元。

(3) 根据"销货汇总表"8 月份共销售商品价税合计 220 350 元,货款均已收到存入银行。

要求:

(1) 根据以上经济业务编制相关的记账凭证;

(2) 计算并结转已销商品的进销差价;

(3) 登记"库存商品"、"商品进销差价"总分类账户。

第一步 根据经济业务编制记账凭证如图表 9-18 至图表 9-22 所示:

图表 9-18

记账凭证

2020 年 8 月 10 日

摘要	总账科目	明细科目	借方金额	贷方金额
购进商品	在途物资		200 000	
	应交税费	应交增值税(进项税额)	26 000	
	销售费用		5 000	
	银行存款			231 000
合计			￥231 000	￥231 000

财务主管　　记账　　出纳　　审核　　制单

图表 9-19

记账凭证

2020 年 8 月 12 日

摘要	总账科目	明细科目	借方金额	贷方金额
商品入库	库存商品		282 500	
	在途物资			200 000
	商品进销差价			82 500
合计			￥282 500	￥282 500

财务主管　　记账　　出纳　　审核　　制单

图表 9-20

记账凭证

2020 年 8 月 31 日

摘要	总账科目	明细科目	借方金额	贷方金额
销售商品	银行存款		220 350	
	主营业务收入			220 350
合计			￥220 350	￥220 350

财务主管　　　记账　　　出纳　　　审核　　　制单

图表 9-21

记账凭证

2020 年 8 月 31 日

摘要	总账科目	明细科目	借方金额	贷方金额
结转成本	主营业务成本		220 350	
	库存商品			220 350
合计			￥220 350	￥220 350

财务主管　　　记账　　　出纳　　　审核　　　制单

图表 9-22

记账凭证

2020 年 8 月 31 日

摘要	总账科目	明细科目	借方金额	贷方金额
价税分离	主营业务收入		25 350	
	应交税费	应交增值税(销项税额)		25 350
合计			￥25 350	￥25 350

财务主管　　　记账　　　出纳　　　审核　　　制单

第二步　计算进销差价率和已销商品应分摊的进销差价如下：

进销差价率＝(月初结存商品进销差价＋本月购进商品进销差价)÷(月初结存商品售价＋本月购进商品售价)×100%

＝(18 500＋82 500)÷(56 500＋282 500)×100%＝29.793 5%

已销商品应分摊的进销差价＝"主营业务成本"借方发生额×进销差价率

＝220 350×29.793 5%＝65 650(元)

再编制记账凭证如图表 9-23 所示：

记账凭证

2020 年 8 月 31 日

摘要	总账科目	明细科目	借方金额	贷方金额
调整成本	商品进销差价		65 650	
	主营业务成本			65 650
合计			￥65 650	￥65 650

财务主管　　　记账　　　出纳　　　审核　　　制单

第三步　根据记账凭证登记"库存商品"和"商品进销差价"账户如图表 9-24 和图表 9-25 所示：

图表 9-24

"库存商品"账户

2020 年		凭证号	摘要	借方	贷方	借或贷	余额
月	日						
8	1		期初余额			借	56 500
	12		购进商品入库	282 500		借	339 000
	31		结转商品售价成本		220 350	借	118 650
			本期发生额及余额	282 500	220 350	借	118 650

图表 9-25

"商品进销差价"账户

2020 年		凭证号	摘要	借方	贷方	借或贷	余额
月	日						
8	1		期初余额			贷	18 500
	12		购进商品进销差价		82 500	贷	101 000
	31		分摊已销商品进销差价	65 650		贷	35 350
			本期发生额及余额	65 650	82 500	贷	35 350

经过调整，本期商品销售成本调整为进价成本 154 700 元（220 350－65 650）；"库存商品"账户的期末借方余额为 118 650 元，"商品进销差价"账户的贷方余额为 35 350 元。期末编制资产负债表时，存货项目中的商品存货部分，应根据以上两个账户的期末余额的差额列出。上述两个账户期末余额的差额为 83 300 元（118 650－35 350）与期末存货实际成本一致。

采用售价金额核算方法时，可以简化核算手续，减少工作量，这是零售企业商品核算的主要方法。其不足之处是由于只记金额，不记数量，库存商品账不能提供数量指标以控制商品的进、销、存情况，一旦发生差错，难以查明原因。因此，采用这种方法，必须建立实物负责制、加强商品盘点，以保证库存商品账实相符。

小知识 9-4

商品流通费用包括销售费用、管理费用和财务费用，一般作为期间费用，直接计入当期损益，不列入商品的采购成本和商品的销售成本进行核算。因此，商品流通企业的成本核算实质上包括商品采购成本核算和商品销售成本核算。

小练习 9-1

某商品流通企业 2020 年 9 月末"销售费用"账户借方余额 8 900 元，"管理费用"账户借方余额 12 300 元，"财务费用"账户贷方余额 1 100 元。请编制期末结转期间费用的记账凭证。

第十章　汽车运输企业、餐饮企业、旅游业成本核算

【学习目标】

通过本章学习，了解汽车运输企业、餐饮企业、旅游业成本的定义，知晓汽车运输企业、餐饮企业、旅游业成本核算的项目，理解汽车运输企业、餐饮企业、旅游业成本核算的各自特点，熟悉汽车运输企业、餐饮企业、旅游业成本核算的方法；会对汽车运输企业、餐饮企业、旅游业相关成本业务进行账务处理；能编制汽车运输企业、餐饮企业、旅游业相关成本、费用报表并进行分析。

第一节　汽车运输企业成本核算

一、汽车运输企业成本核算概述

汽车运输企业是通过汽车运输来实现货物和旅客位移过程的企业，在这个过程中会发生车辆、房屋建筑物折旧费、消耗燃料、轮胎、汽车配件、工具等价值，并支付司机和其他运输人员工资，以上这些构成了汽车运输业务成本。

计算汽车运输企业成本时，应根据不同车型、不同燃料的营运车辆确定成本计算对象。

二、汽车运输企业成本核算项目

汽车运输企业成本项目一般可以分为直接材料、直接人工、营运直接费用和营运间接费用四项。

（一）直接材料

直接材料主要由燃料费和轮胎费构成。

燃料费是指汽车在运行过程中耗用的各种燃料，如汽油、柴油等费用；

轮胎费是指汽车在运行过程中耗用的内胎、外胎等费用。

（二）直接人工

直接人工主要由工资和社会保险费构成。

工资是指企业支付给司机和其他运输人员的工资、津贴、奖金；

社会保险费是指应由企业承担的职工的社会保险费。

（三）营运直接费用

营运直接费用主要由车辆折旧费、修理费、养路费、运输管理费、车辆保险费、行车事故费和其他费用等七项费用构成。

车辆折旧费是指营运车辆按规定计提的折旧费；

修理费是指营运车辆进行保养和修理所发生的费用；

养路费是指营运车辆按规定向公路养护单位交纳的费用；

运输管理费是指营运车辆按规定向公路运输管理部门交纳的费用；

车辆保险费是指营运车辆按规定向保险公司投保而支付的费用；

行车事故费是指营运车辆因行车事故发生的损失扣除保险公司赔偿后的净损失；

其他费用是指不属于以上六项但与营运车辆有关的费用，如车辆过桥费、摆渡费、高速公路建设费、停车费、随车工具费等。

以上费用均为汽车运输企业营运车辆在从事运输活动中发生的各项直接费用。

（四）营运间接费用

营运间接费用主要指车队、车场、车站等运输企业的下属单位在组织与管理车辆营运过程中所发生的不能直接计入成本计算对象的各种间接费用，如：劳动保护费、水电费、办公费、差旅费等，但不包括企业行政管理部门为组织和管理营运过程而发生的管理费用。

> **小知识 10-1**
>
> 汽车运输企业的成本计算期一般是按月计算，并且不计算在产品成本。汽车运输企业的成本计算单位是"元／千吨公里"。

三、汽车运输企业成本核算案例

安达汽车运输公司旗下有短途和长途两个车队，另有一个车场（内设基层管理机构），短途车队承担本市及市郊运输任务，长途车队承担外省市运输任务。

该企业按短途车队和长途车队设置成本明细账；账内划分为直接材料、直接人工、营运直接费用、营运间接费用四个成本项目。

分得清楚哪个车队发生的费用，直接计入该车队成本。分不清楚哪个车队发生的费用，分配后计入各该车队成本。

（一）直接材料费用的归集与分配

1. 燃料费用的归集与分配

燃料费用 ＝ 燃料实际消耗量 × 燃料单价

燃料消耗量的计算方法有满油箱制和实地盘存制两种。

（1）满油箱制

实行满油箱制的汽车运输企业，在每月月末将油箱加满，这样当月燃料实际消耗量就是当月累计加油量。

用公式表示为：

当月燃料实际消耗量 ＝ 当月累计加油量

（2）实地盘存制

实行实地盘存制的汽车运输企业，月末则要实地盘点油箱的车存数，并按下列公式计算当月燃料实际消耗量：

当月燃料实际消耗量 ＝ 月初车存量 ＋ 当月累计加油量 － 月末车存量

以上计算燃料费用的方法适用于在燃料价格比较稳定的情况下应用，若燃料价格变动较大，可以采用计划成本法计算燃料费用，并分摊燃料成本差异。

［**例 10-1**］安达汽车运输公司采用满油箱制计算燃料耗用数，2020 年 10 月份根据燃料领料单汇总如图表 10-1 所示：

燃料(汽油)耗用汇总表

2020 年 10 月　　　　　　　　　　　　　　　　　　　　　　　单位:元

分配对象	当月累计加油量	单价(元/升)	当月实际消耗金额
短途车队	15 000	8	120 000
长途车队	25 000	8	200 000
车场	2 000	8	16 000
合 计	42 000		336 000

根据燃料耗用汇总表,编制记账凭证如图表 10-2 所示:

图表 10-2

记账凭证

2020 年 10 月 31 日

摘要	总账科目	明细科目	借方金额	贷方金额
耗用燃料	主营业务成本	短途车队(直接材料)	120 000	
		长途车队(直接材料)	200 000	
	营运间接费用		16 000	
	原材料	燃料		336 000
合 计			¥336 000	¥336 000

财务主管　　　记账　　　出纳　　　审核　　　制单

小练习 10-1

某小型汽车运输公司对于燃料耗用数采用盘存制计算,2020 年 11 月燃料(汽油)耗用情况如下:期初结存 1500 升,本期领用 15 000 升,期末结存 1100 升,汽油价格为每升 8.2 元。试计算该公司 11 月份实际消耗的汽油数量和成本。

2. 轮胎费用的归集与分配

汽车运输企业的车辆领用的汽车内胎和外胎,可按实际费用一次性计入当月车辆成本。

[例 10-2]安达汽车运输公司 2020 年 10 月份实际领用汽车轮胎汇总如图表 10-3 所示:

图表 10-3

轮胎耗用汇总表

2020 年 10 月　　　　　　　　　　　　　　　　　　　　　　　单位:元

分配对象	内胎			外胎			合计
	数量(只)	单价	金额	数量(只)	单价	金额	
短途车队	8	400	3 200	10	900	9 000	12 200
长途车队	12	400	4 800	20	900	18 000	22 800
合 计	20	400	8 000	30	900	27 000	35 000

根据以上轮胎耗用汇总表,编制记账凭证如图表10-4所示:

图表10-4

记账凭证

2020 年 10 月 31 日

摘要	总账科目	明细科目	借方金额	贷方金额
耗用轮胎	主营业务成本	短途车队(直接材料)	12 200	
		长途车队(直接材料)	22 800	
	原材料	轮胎		35 000
合计			￥35 000	￥35 000

财务主管　　　记账　　　出纳　　　审核　　　制单

(二)直接人工费用的归集与分配

汽车运输企业的直接人工费用由工资和社会保险费两部分组成。

工资是企业每月支付给职工的工资、津贴和奖金;社会保险费是企业每月按职工工资计提的应由企业承担的养老保险费、医疗保险费、失业保险费、工伤保险费、生育保险费和住房公积金等。其中:养老保险费按工资总额的 22% 计提,医疗保险费按工资总额的 12% 计提,失业保险费按工资总额的 2% 计提,工伤保险费按工资总额的 0.5% 计提,生育保险费按工资总额的 0.5% 计提,五项保险费合计为工资总额的 37%;住房公积金按工资总额的 7% 计提。企业支付的工资及社会保险费应按月计入有关费用,并编制"工资及社会保险费汇总分配表",进行相关的账务处理。

[例10-3]安达汽车运输公司 2020 年 10 月份工资及社会保险费汇总分配表如图表 10-5 所示:

图表10-5

工资及社会保险费汇总分配表

2020 年 10 月

单位:元

分配对象	工资总额				按工资总额 37% 计提的社会保险费	按工资总额的 7% 计提的住房公积金	合计
	基本工资	津贴	奖金	合计			
短途车队	115 000	25 000	36 000	176 000	65 120	12 320	253 440
长途车队	124 000	28 000	39 000	191 000	70 670	13 370	275 040
车场	26 800	5 000	11 000	42 800	15 836	2 996	61 632
合计	265 800	58 000	86 000	409 800	151 626	28 686	590 112

根据工资及社会保险费汇总分配表,编制记账凭证如图表10-6所示:

图表 10-6

记账凭证

2020 年 10 月 31 日

摘要	总账科目	明细科目	借方金额	贷方金额
分配工资	主营业务成本	短途车队（直接人工）	253 440	
		长途车队（直接人工）	275 040	
	营运间接费用		61 632	
	应付职工薪酬	工资薪酬		409 800
		社会保险费		151 626
		住房公积金		28 686
合计			￥590 112	￥590 112

财务主管　　　记账　　　出纳　　　审核　　　制单

（三）营运直接费用的归集与分配

1. 车辆折旧费

汽车运输企业营运车辆的折旧一般采用工作量法计提，工作量法是根据实际工作量计提折旧额的一种方法，其计算公式如下：

$$每一工作量折旧额 = \frac{车辆原值 - 预计净残值}{预计总工作量}$$

$$某项车辆月折旧额 = 该项车辆当月工作量 \times 每一工作量折旧额$$

[例 10-4]安达汽车运输公司有某种型号的卡车一辆，原值为 250 000 元，预计净残值率 10%，预计总行驶里程为 600 000 千米，当月行驶里程为 3 000 千米，该车辆的月折旧额计算如下：

$$单位里程折旧额 = \frac{250\,000 \times (1 - 10\%)}{600\,000} = 0.375（元／千米）$$

$$该车辆本月应计折旧额 = 3\,000 \times 0.375 = 1\,125（元）$$

采用工作量法计提折旧时，如采用外胎价值一次性计入当月车辆成本，外胎价值不必从车辆原值中扣减，只有在外胎采用行驶公里提取法时外胎价值才从车辆原值中予以扣除，以免出现重复计算情况。

2. 车辆修理费

汽车运输企业的车辆修理费应在发生时直接计入车辆成本。

3. 车辆养路费

汽车运输企业的车辆养路费，是按车辆吨位数计算交纳的，可以根据缴款凭证直接计入各种车辆的成本。

4. 运输管理费

汽车运输企业的运输管理费，是按运输收入的一定比例计算交纳的，可以根据缴款凭证直接计入各种车辆运输成本。

5. 车辆保险费

汽车运输企业的车辆保险费可以根据缴款凭证直接计入各种车辆的成本。

6. 行车事故费

汽车运输企业的车辆在营运过程中因某种原因发生行车事故而产生的修理费、医药费、赔偿费等费用,在扣除了保险公司赔款和过失人赔款后,净损失可直接计入各种车辆运输成本。

7. 其他费用

汽车运输企业的其他费用发生时,也可以根据费用凭证直接计入各种车辆成本。

[**例 10-5**]安达汽车运输公司 2020 年 10 月份发生营运直接费用汇总如图表 10-7 所示:

图表 10-7

营运直接费用汇总分配表

2020 年 10 月

单位:元

分配对象	车辆折旧费	车辆修理费	车辆养路费	运输管理费	车辆保险费	行车事故费	其他费用	合计
短途车队	10 500	4 500	2 100	1 650		800	2 400	21 950
长途车队	12 200	4 800	2 600	1 750			3 600	24 950
合计	22 700	9 300	4 700	3 400		800	6 000	46 900

根据营运直接费用汇总分配表,编制记账凭证如图表 10-8 所示:

图表 10-8

记账凭证

2020 年 10 月 31 日

摘要	总账科目	明细科目	借方金额	贷方金额
支付费用	主营业务成本	短途车队(营运直接费用)	21 950	
		长途车队(营运直接费用)	24 950	
	库存现金			
				46 900
合计			¥46 900	¥46 900

财务主管　　　记账　　　出纳　　　审核　　　制单

(四)营运间接费用的归集与分配

汽车运输企业营运间接费用是车队、车场、车站等运输企业的下属单位在组织和管理营运过程中所发生的不能直接计入各种车辆成本、需要按一定标准分配计入各种车辆成本的各种费用。营运间接费用可以按营运直接费用的比例分配,也可以按营运收入比例分配。

[例 10-6]安达汽车运输公司车场 2020 年 10 月份发生营运间接费用如下:车场耗油 16 000 元(见[例 10-1]),车场人员工资及社会保险费 61 632 元(见[例 10-3])。另外发生劳动保护费 2 068 元,水电费 7 200 元,办公费 4 300 元,差旅费 2 600 元,小计 16 168 元,以银行存款支付。

根据以上支出,编制记账凭证如图表 10-9 所示:

图表 10-9

记账凭证

2020 年 10 月 31 日

摘要	总账科目	明细科目	借方金额	贷方金额
支付费用	营运间接费用		16 168	
	银行存款			16 168
合计			￥16 168	￥16 168

财务主管　　　记账　　　出纳　　　审核　　　制单

[例 10-7]安达汽车运输公司 2020 年 10 月份按营运直接费用比例分配营运间接费用 93 800 元。编制分配表如图表 10-10 所示:

图表 10-10

营运间接费用分配表

2020 年 10 月　　　　　　　　　　　　　　　　　　　　　单位:元

分配对象	分配标准(营运直接费用)	分配率	分配额
短途车队	21 950	2	43 900
长途车队	24 950	2	49 900
合计	46 900	2	93 800

根据营运间接费用分配表,编制记账凭证如图表 10-11 所示:

图表 10-11

记账凭证

2020 年 10 月 31 日

摘要	总账科目	明细科目	借方金额	贷方金额
分配费用	主营业务成本	短途车队(营运间接费用)	43 900	
		长途车队(营运间接费用)	49 900	
	营运间接费用			93 800
合计			￥93 800	￥93 800

财务主管　　　记账　　　出纳　　　审核　　　制单

[例 10-8]安达汽车运输企业 2020 年 10 月经过以上四项费用的归集与分配,最终计算出

其不同的成本计算对象——短途车队和长途车队的汽车运输成本,如图表10-12所示:

图表10-12

汽车运输成本计算表

2020 年 10 月 单位:元

项目	短途车队	长途车队	合计
一、直接材料	132 200	222 800	355 000
其中:1. 燃料费	120 000	200 000	320 000
2. 轮胎费	12 200	22 800	35 000
二、直接人工	253 440	275 040	528 480
三、营运直接费用	21 950	24 950	46 900
四、营运间接费用	43 900	49 900	93 800
五、运输总成本	451 490	572 690	1 024 180
六、运输周转量(千吨公里)	2 000	1 000	3 000
七、运输单位成本(元/千吨公里)	225.75	572.69	798.44

根据以上汽车运输成本计算表,可以进行以下成本报表分析:

一是构成比例分析:

直接材料成本占运输总成本的比例为:短途车队 29%(132 200÷451 490),长途车队 39%(222 800÷572 690);直接人工成本占运输总成本的比例为:短途车队 56%(253 440÷451 490),长途车队 48%(275 040÷572 690);营运直接费用占运输总成本的比例为:短途车队 4.9%(21 950÷451 490),长途车队 4.4%(24 950÷572 690);营运间接费用占运输总成本的比例为:短途车队 9.7%(43 900÷451 490),长途车队 8.7%(49 900÷572 690)。

二是相关指标比例分析:

短途车队运输单位成本 225.75 元/千吨公里(451 490÷2 000);

长途车队运输单位成本 572.69 元/千吨公里(572 690÷1 000)。

根据不同时期的汽车运输成本计算表,还可以采用比较分析法进行成本报表分析。

第二节 餐饮企业成本核算

一、餐饮企业成本核算概述

餐饮企业是从事饮食制品加工,烹制并直接供应给顾客食用的企业,由于饮食产品的种类繁多,数量零星,不可能以每一种饮食产品为成本计算对象来准确计算成本,而是以全部产品为成本核算对象,计算其综合成本或大类成本,餐饮业的成本包括在饮食产品制作过程中耗用的各种料、工、费,对于原材料成本应根据企业的规模和经营管理方式,分别采用永续盘存制或实地盘存制计算确定,这是餐饮业成本核算的重点。对于原材料以外的其他费用,如工资、水电费、燃料费、运输费、洗涤费、物料消耗、折旧费、修理费等,发生时均记入"营业费用"账户的借方,期末结转"本年利润"账户。

二、餐饮企业成本核算案例

(一)永续盘存制

永续盘存制是按餐饮部门实际领用原材料数量来计算原材料成本的方法。采用这种方法,厨房向仓库领用原材料时需填制"领料单",由会计部门将每日的领料单进行汇总计算出每日的原材料消耗成本。如果厨房领用的原材料当月未用完,月末还应实地盘点已领未用的原材料,估算其成本,从当月领用材料价值中扣除,并办理假退料手续。因此,本月原材料实际成本的计算公式为:

本月实际耗用原材料成本 = 厨房月初结存原材料成本 + 厨房本月领用原材料成本 - 厨房月末结存原材料成本

[例10-9]鸿运酒家设有本帮菜和粤菜两个厨房,2020年10月份根据领料单汇总领用材料成本如图表10-13所示:

图表10-13

原材料耗用汇总表

2020年10月　单位:元

分配对象	猪肉			牛肉			鸡蛋			鱼			面粉			……	合计
	数量(千克)	单价	金额	数量(千克)	单价	金额	数量(千克)	单价	金额	数量(千克)	单价	金额	数量(千克)	单价	金额		
本帮菜	500	50	25 000	300	60	18 000	200	18	3 600	350	120	42 000	800	6	4 800		150 000
粤菜	600	50	30 000	400	60	24 000	250	18	4 500	300	120	36 000	700	6	4 200		140 000
合计	1 100	50	55 000	700	60	42 000	450	18	8 100	650	120	78 000	1 500	6	9 000		290 000

根据原材料耗用汇总表,编制记账凭证如图表10-14所示:

图表10-14

记账凭证

2020年10月31日

摘要	总账科目	明细科目	借方金额	贷方金额
耗用材料	主营业务成本	本帮菜	150 000	
		粤菜	140 000	
	原材料			290 000
合计			￥290 000	￥290 000

财务主管　　　记账　　　出纳　　　审核　　　制单

[**例 10-10**]10 月末实际盘点厨房,本帮菜厨房结余原材料价值 7 200 元,粤菜厨房结余原材料价值 6 600 元。

根据月末盘点结果,应办理"假退料"手续,即材料实物并不移动,但在会计核算上,同时做 10 月末退料和 11 月初领料的会计分录,以准确计算各个月份原材料的实际成本。

10 月 31 日用红字*编制记账凭证如图表 10-15 所示:

图表 10-15

记账凭证
2020 年 10 月 31 日

摘要	总账科目	明细科目	借方金额	贷方金额
耗用材料	主营业务成本	本帮菜	7 200	
		粤菜	6 600	
	原材料			13 800
合计			￥13 800	￥13 800

财务主管　　记账　　出纳　　审核　　制单

11 月 1 日,再用蓝字编制记账凭证如图表 10-16 所示:

图表 10-16

记账凭证
2020 年 11 月 1 日

摘要	总账科目	明细科目	借方金额	贷方金额
耗用材料	主营业务成本	本帮菜	7 200	
		粤菜	6 600	
	原材料			13 800
合计			￥13 800	￥13 800

财务主管　　记账　　出纳　　审核　　制单

二、实地盘存法

实地盘存法是平时领用原材料不填制领料单,也不作账务处理,期末通过实地盘点,确认原材料的数量金额,倒挤出本月实际耗用原材料成本。其计算公式为:

本月实际耗用原材料成本 ＝ 月初结存额 ＋ 本月购入金额 － 月末盘存额

[**例 10-11**]假定如意餐厅采用实地盘存制计算原材料成本,10 月份原材料期初结存 12 500 元,10 月份购入材料共计 185 000 元,10 月末实际盘点原材料金额为 14 000 元,则 10 月份实际耗用原材料成本为:12 500＋185 000－14 000＝183 500(元)

---

* 注:由于印刷原因,书中该图表的红字以加框代替。

成本会计

编制记账凭证如图表 10-17 所示：

图表 10-17

记账凭证

2020 年 10 月 31 日

摘要	总账科目	明细科目	借方金额	贷方金额
耗用材料	主营业务成本		183 500	
	原材料			183 500
合计			￥183 500	￥183 500

财务主管　　　记账　　　出纳　　　审核　　　制单

采用实地盘存制方法简单,但由于平时领用原材料不进行核算,容易出现漏洞,不利于加强成本管理。

小思考 10-1
餐饮企业成本核算的永续盘存法和实地盘存法各有什么优缺点?

第三节　旅游业成本核算

一、旅游业成本核算概述

旅游业是组织游客出外旅行游览,并为游客提供就餐、住宿、交通、导游等服务的企业,旅游业的成本为旅行社在为旅行团体提供各项服务过程中所发生的各种支出。由于旅行社的业务有组团业务和接团业务两类,因此,成本核算也分为组团社旅游业务成本和接团社旅游业务成本。组团社旅游业务成本是指组团社应拨付给接团社的各项直接支出;接团社旅游业务成本是应付给为客人提供食宿、交通、游览等服务部门的各项直接支出。

二、旅游业成本核算案例

(一)组团社旅游业务成本核算案例

组团社组织安排旅游活动时,向旅游团体收取旅游费在先,与接团社结算费用在后,也就是先取得营业收入,后发生营业成本,即应拨付给接团社的各项直接支出。如果月末尚未收到接团社的费用结算清单,则组团社的营业成本不能确定,为了使收入与成本相配比,可以根据旅行团人数和旅行天数,先估算出全部旅行费用,等与接团社结算后再按实际成本结转成本差异。

成本会计

[例 10-12]新天地旅行社(组团社)每月 28 日与百佳旅行社进行旅行费用结算,但直到 10 月 31 日仍未收到百佳接团社的旅行费用结算通知单,按 10 月份旅行团人数和旅行天数,估算出总成本大约为 60 000 元,组团社编制记账凭证如图表 10-18 所示:

图表 10-18

记账凭证
2020 年 10 月 31 日

摘要	总账科目	明细科目	借方金额	贷方金额
结算成本	主营业务成本		60 000	
	应付账款	百佳旅行社		60 000
合计			¥60 000	¥60 000

财务主管　　　记账　　　出纳　　　审核　　　制单

[例 10-13]11 月 5 日,新天地旅行社收到百佳旅行社交来"旅行费用结算通知单",列示收费项目分别为:房费 24 000 元,餐费 12 000 元,交通费 7 200 元,门票 9 600 元,保险费 2 000 元,劳务费 3 000 元,陪同费 3 600 元,其他 1 100 元,共计 62 500 元,经审核无误后,办理支付手续。组团社编制记账凭证如图表 10-19 所示:

图表 10-19

记账凭证
2020 年 11 月 5 日

摘要	总账科目	明细科目	借方金额	贷方金额
支付费用	应付账款	百佳旅行社	60 000	
	主营业务成本		2 500	
	银行存款			62 500
合计			¥62 500	¥62 500

财务主管　　　记账　　　出纳　　　审核　　　制单

二、接团社旅游业务成本核算案例

接团社负责接待由组团社组织的旅游团体并提供各种旅游服务,在完成接待任务后,与组团社结算旅游费用。因此,接团社是接待费用支付在先,与组团社结算费用在后,也就是先发生营业成本,后取得营业收入。

接团社的营业成本主要是支付给饭店的餐费,支付给宾馆的住宿费,支付给车队的交通费,支付给旅游场所的门票费,支付给保险公司的保险费,以及各种劳务费等。接团社的营业成本是分别与各个不同接待单位办理结算的。

[例 10-14]百佳旅行社在 2020 年 10 月份餐费结算通知单上应付餐费 12 000 元,住宿费结算通知单上应付房费 24 000 元,交通费清单上应付交通费 7 200 元,旅游门票支出 9 600

元,保险费支出 2 000 元,其他支出 1 100 元,共计 55 900 元。根据有关凭证,编制记账凭证如图表 10-20 所示:

图表 10-20

记账凭证

2020 年 10 月 31 日

摘要	总账科目	明细科目	借方金额	贷方金额
支付费用	主营业务成本		55 900	
	库存现金			55 900
合计			￥55 900	￥55 900

财务主管　　　记账　　　出纳　　　审核　　　制单

小知识 10-2

　　旅行社是提供旅游业务的单位,在我国实行严格的旅行社资质管理制度,必须是符合一定条件的机构,才能从事旅游业务。 对从事涉外的旅游业务,要求更为严格。